오늘도 도쿄로 출근합니다

오늘도
도쿄로 출근합니다

이상아 조국현 김소이 강현규 이서효
김선명 신동민 노은정 이필준 이윤정

 플랜비디자인

일본 취업 전문가도
추천하는 한 권!

이 좋은 것을 왜 이제야 만났지라는 생각이 들 만큼 도쿄에서의 직장생활이 상세히 기록되어 있어서 놀랐다. 일본생활 시작의 설렘부터 사회생활 도전기, 그리고 직장에서 치열하게 고군분투하는 삶까지 적나라하게 사실적으로 묘사되어 있다. 단 한 권의 책으로 10명의 삶을 간접경험 할 수 있을 뿐 아니라, 일본에서 직장생활하고 있는 친구에게 조차 듣지 못한 깊은 내부사정까지 들을 수 있다. 워킹홀리데이, 유학, 취업 등으로 일본에서의 삶을 꿈 꾼다면, 이 책을 통하여 삶의 태도를 배울 것이고, 이미 일본에 거주 중이라면 공감과 격려의 메시지를 받을 수 있을 것이다.

21만 일본어 교육 유튜버 유하다요

일본에서 유학이나 워킹홀리데이로 생활하는 것과, 실제로 일하는 것은 다르다. 실제로 일하는 것은 어떤 것인지, 다양한 업계에서 일하는 선배들의 스토리를 엿볼 수 있다. 이 책을 읽고 당신들의 커리어 플랜도 세워보는게 어떨까?

일본 취업 전문가 & KOREC 대표 카스가이 모에

해외취업지원 담당자로서 매우 공감되고 한 사람 한 사람의 이야기가 모두 흥미진진하다. 일본 취업을 준비하는 혹은 입사를 앞두고 있는 이들에게 들려주고 싶은 현실적인 이야기가 여기에 모두 담겨있다. 그리고 이 책은 현재 일본에서 일하고 있는 사람들에게 다시금 스스로를 돌아볼 수 있는 좋은 자극제가 될 것이다.

KOTRA 해외취업담당자 김진희

"미쳤냐?"

일본으로 이직을 하겠다고 친구에게 알렸다. 그리고 돌아온 대답은 바로 이 세 글자였다. 한창 신문과 뉴스에서는 우리나라에서 벌어지는 반일 운동과 무역마찰 그리고 일본에서의 혐한 시위 등으로 일본여행이 위험하다는 소식으로 가득한 때라 주변에서 걱정을 했는지 모르겠다.

실제로 우리나라 사람들이 해외로 가장 많이 취업하는 곳은 일본이라고 한다. 심지어 반일 운동이 가장 뜨거웠던 2019년, 아이러니하게도 일본으로 취업한 사람들의 숫자는 최고 기록을 갈아치웠다고 한다. 실제로 2019년 한국의 구인 배율은 0.49였다. 코로나 사태 이후 취업문은 더욱 좁아지고 있으며 심지어 채용공고 자체가 없어지고 있는 추세다. 반면에 일본의 구인 배율은 2019년 1.55였고, 코로나 사태를 보내고 있는 2020년 지금도 여전히 1.32로, 한 명의 구직자에게 1.3배의 일자리가 있다고 한다.

난 일본으로 이직을 준비하면서 무척 놀랐다. 일본에서 일하는 젊은 한국 사람이 무척 많다는 사실과 함께 그들은 수많은 모임을 통해 스스로 발전하고 즐기고 의외로 잘 살고 있었기 때문이다. 게다가 도쿄의 코리안 타운으로 유명한 신오오쿠보에 가면 한국식당에 줄이 길게 늘어서 있고, 코로나 상황에서도 북적이는 인파를 보면 놀라게 된다. 긴 줄로 인해 자장면 한 그릇 먹기가 어려운 현실이 기쁘기도 하면서 불편하기도 한 현실이다. 또한 일본에서 인기 있는 음악차트에서는 한국의 아이돌 그룹이 모두 차지하고 있고, 한국의 드라마가 1, 2위를 다투고 있는 현실이다. 게다가 일본인들이 매일 사용하는 어플리케이션은 한국에서 개발한 LINE이다.

일본에서 정착해 살고 있으면서 나를 걱정해 주던 친구들로 부터 많은 질문을 받는다. 그들은 일본의 실제 삶에 대해 궁금해 하고 많은 관심을 갖고 있는 것을 확인할 수 있다. 그래서 난 언론에서 다뤄지는 이야기가 아닌 실제로 일본에 살고 있는 사람들의 이야기를 들어보고 싶었다. 그리고 진솔한 이야기를 나눠보고 싶었다. 무조건 일본이 싫다, 한국이 좋다는 이야기가 아닌 좀 더 다양한 사람의 솔직하고 생생한 이야기를 들려주고 싶었다.

이 책에는 20대부터 40대까지의 남녀, 그리고 일본에서의 생활이 짧은 사람부터 10년이 넘어가는 사람까지, 파견사원 부터 여러 직업을 갖고 살아가는 일본에 사는 한국인들의 평범한 일상을 담아보고자 노력했다. 일본에서 일하는 우리들은 어떻게 살고 있을까? 어떤 고민을 하고 있으며, 어떤 기대를 하며 살고 있을까? 일본 생활에 대한 궁금증을 이 책을 통해 해결할 수 있기를 바라며.

2020년 이른 겨울, 도쿄에서
이필준

일도 삶도 만끽하는
도쿄라이프

이상아
(30대 / 여자 / 채용·커리어 컨설턴트)

아버지의 전근으로 고등학생 때 일본으로 오게 되었다. 대학교 입학과 동시에 부모님은 한국으로 귀국하셨고, 졸업 후 도쿄에서 일을 해보고 싶다는 생각에 일본에 남아 취직을 했다. 일본 구인광고업계에서 중소기업에서 대기업까지 수 많은 기업의 채용 활동을 지원하며 채용 컨설턴트로 경력을 쌓았고, 300명이 넘는 학생을 면담하며 커리어 컨설턴트로 일했다. 주말에는 한국인 독서모임 커뮤니티를 운영하며 매주 2~3개의 모임을 개설해 진행하고 있다. 일본과 한국, 두 나라에서의 생활을 항상 꿈꾼다.

Time Line

2008 와세다 대학교 입학
2012 일본계 HR기업에 입사, 채용 컬설팅 영업 담당
2015 커리어 카운셀링 자격증(GCDF-Japan) 취득
2017 해외 채용 프로젝트 담당
    (해외 채용 및 한국에서 일본 취업 지원)
2018 한국인 독서모임 「위드플러스」 시작
2020 한국계 스타트업으로 이직

Contact

Mail: sumomoaaa@gmail.com
Instagram: sumomo_aaa
facebook: mlle.sumomo(개인)
           withplustokyo(독서모임)

일본에서 시작한 나의 사회생활

▬ ▬ ● 나는 영업사원이 되어 버렸다.

"배속 부서는 신졸 영업 사업부, 신규 영업사원입니다."

눈앞이 까마득했다. 종합직으로 입사 후 한 달 남짓 한 신입 연수를 마치고 영업만은 싫다고 그렇게 이야기 했는데. 나는 영업 사원이 되었다. 우리 회사의 근간 사업인 신졸사업부(대졸 신입사원 채용 사업부)에 배치됐다고 하자 동기들은 부러워했다. 고객과의 신뢰 관계를 중요하게 생각하는 일본 회사에서, 영업은 많은 사람들이 하고 싶어 하는 일 중 하나였다. 심지어 신졸사업부는 우리 회사를 지금의 규모로 키운데 큰 몫을 한, 감히 말하건대 지금의 일본 채용 시장을 만들어 온 일을 하는 부서였다.

그럼에도 불구하고 나는 거짓말을 보탠다고 해도 설렘은 하나 없이, 두려움만 가득 안고 배속 받은 부서로 첫 출근을 했다. 첫 날, 250개의 회사 이름과 전화번호, 주소가 적힌 리스트를 받았다. 배치되면 전화 영업부터 시작할 것이라는 이야기를 들었기에 미리 스크립트를 작성했다. "주식회사△△ 이상아라고 하는 데요, 인사 담당자 계실까요?"로 시작하는 스크립트는 내가 상상할 수 있는 모든 상황에 대해 어떻게 대화를 이어나가 영업방문을 획득할까에 대한 나의 고민으로 가득했다.

'그렇게 맞이한 전화 영업 1일 째.'

수화기를 손에 들었지만 전화를 걸 수가 없었다. '뭐라고 말하지? 갑자기 내가 모르는 일본어가 나오면 어떡하지? 내가 모르는 걸 물어보면 어쩌지?' 머릿속이 하얘졌다. 그러다 바삐 들려오는 동기들의 전화 소리에 등 떠밀려 눈 딱 감고 전화번호를 눌렀고, 신호음 두 번째에 수화기 넘어 접수원이 전화를 받았다. 드디어 내 첫 영업이 시작되었다. 방대한 고민과 걱정 속에 시작한 첫 번째 전화는 내 소개가 채 끝나기도 전에 끊겼다. 매섭게 거절당한 첫 전화에 충격을 받고는 다음 전화를 할 용기가 나지 않았다. 겨우겨우 다른 한 건의 전화를 걸었으나 이 역시도 퇴짜를 맞은 채 첫 날을 마무리 했다. 동기들이 20-30건씩 전화를 할 때 나는 고작 두 건. 속상하고 창피해서 화장실에 가서 남몰래 울었다. 그렇게 내 회사 생활도 마무리하고 싶은 심정이었다. 하루가 지나고 이틀이 지나도 전화로 하는 신규 영업에는 익숙해지지 않았다. 시간이 흐르고 안건들이 수주로 이어지기도 했지만 나쁘지 않은 실적을 겨우 유지하는 1년차를 보냈다.

단언컨대 나의 사회생활 1년 차는 인생에서 처음 마주한 좌절이었다. 그렇게 자신감을 상실하고 맞이한 2년 차, 나는 기존 고객의 업무확장을 목표로 하는 영업부에 배치되었다. 영업부 중에서도 꽃이라고 불리는 대기업 클라이언트를 담당하는 부서였다. 새로운 클라이언트를 개척하는 영업과는 다른, 기존 고객 안에서 매출을 매년 늘려가야 하는 미션을 맡고 일본의 대표적인 서비스업과 소매업, 요식업 20개사 정도를 담당하게 되었다.

━ • 왜 한국에 가지 않고 여기 도쿄에서 일하고 있니?

1년차 때 못한 만큼 더 빠르게 성장해야한다는 초조함이 남아있던 8월 여름 오봉휴일*을 앞 둔 어느 날, 멘토가 나를 불러냈다. 나보다 1년 선배인 멘토는 교육자 집안에서 자라 사람에게 관심이 많고 성장을 중요하게 생각하는 사람이었다. 당연히 교사가 되길 바라는 집안 어르신들에게 민간기업에 취업한다는 것을 설득하기 위해 30장의 PPT를 만들어 프레젠테이션을 할 정도로 자기 주관이 뚜렷하고 열정이 넘치는 사람이었다. 그

---

* 일본의 대표적인 휴일, 한국의 '추석'정도로 해석하면 될 것 같다.

선배는 연차가 높은 선배들이 있는 팀에서 막내를 하고 있는 내가 안쓰러웠는지 자처해서 나의 멘토가 되겠다고 매니저에게 이야기를 했다고 들었다. 긴자의 사거리 빨간 천막이 인상적인 카페에서 우리는 생크림이 가득 담긴 파르페를 시킨 채 마주 앉았다. 멘토는 내 고민을 눈치 채고 있는 것 같았다. "왜 일본에서 일하고 있니? 너 정도면 한국에서도 일 할 수 있을 텐데, 왜 일본이야?" 멘토의 질문에 나는 대답을 할 수가 없었다. 매일 매일 마주하는 현실에 입사 전의 포부는 잊은 지 오래였다. 나도 내가 왜 일본에서 일하고 있는지 명확하게 말 할 수가 없었다. 내 침묵을 이해한 멘토는 오봉휴일 숙제로 질문에 대한 답을 찾아오라고 했고, 나는 일주일 내내 내가 여기서 하고 싶은 게 무엇인지를 생각해 보았다.

영업은 너무 힘들었다. 그만 두고 싶었지만 뛰어난 성과를 낸 것도 아니어서 다른 곳에 가서도 잘 할 자신이 없었다. '어떻게 하면 자신감이 생길까.' '이 일은 내 적성에 맞는 것 일까.' '일본기업에게 일본학생을 채용하는 구인 광고와 면접 설계 컨설팅을 일본어로 하는 것이 과연 내가 할 일인가.' 등 여러 가지 의문이 들었다. 내가 속해 있는 영업부에는 영업 사원이 40명 남짓 있었는데, 그중 외국인은 나 밖에 없었다. 이 일을 하는데 외국어를 비롯하여 다문화적 사고방식을 할 수 있다는 것은 굳이 필요한 장점이 아닌 것 같았다. 내가 갖고 있는 장점을 하나도 살리지 못한 채 일본인들과 같은 링 위에서 경쟁을 하고 있다는 사실 자체가 도전이었고 무모

하다는 생각이 들었다. 심지어 이런 고민에 대한 조언을 구할 만한 외국인 선배도 없다는 사실이 더욱 안타까웠다. 그러다 문득 외국인이지만 일본인과 똑같은 환경에서 성과를 낼 수 있다면 비즈니스맨으로써 어디에서든 인정을 받을 수 있을 것이란 생각이 들었다. 힘들다고 도망친다면 일본기업에서 일했던 시간들은 나에게 실패한 경험으로 남겠지만, 여기서 극복한다면 나에게 큰 자신감이 될 것이라는 확신이 들었다. 오봉휴일이 끝나고 다시 찾은 사거리 카페에서 난 멘토에게 자신 있게 말했다.

"어디에서든 살아남을 수 있는 자신감을 갖기 위해, 능력을 키우기 위해 지금 여기 있습니다."

내 대답을 들은 멘토는 그 후에도 몇 번의 면담을 통해 스스로 목표를 세우고 달성하는 성공 경험을 쌓아 가면 자신감이 붙을 것이라고 조언해주었다. 나는 그 이후로 매 주, 매 달 목표를 세워 스스로에게 선언했다. 모든 영업미팅을 가기 전 영업 시나리오 작성하기, 미팅 후 잘 한 것과 잘못한 것을 분석하고 개선점 찾기, 모든 고객에게 작년 대비 120%를 제안하기, 특정 고객에게 특정 신상품을 팔아보기 등 목표는 작은 것들이었지만 영업기초를 다지기 위해서는 꾸준히 해야만 하는 것들이었다. 멘토는 내가 그 목표를 이룰 수 있도록 선배이자 동료로, 또 친구로서 곁에서 이끌고 지탱해주었다. 고객 방문을 갈 때 마다 미팅의 목적이 무엇이고 목표가 무엇인지, 또 그것을 이루기 위해서는 무엇을 준비해야 하는지를 작성해 멘토에게 메일로 보냈다. 메일을 보냄으로써 나 스스로 미팅 전에 생각을 정리하고 꼼꼼하게 준비를 할 수 있었고, 이는 곧 안정적인 수주와 고객과의 탄탄한 신뢰관계 구축으로 이어졌다. 물론 그중에는 내가 감당하기 어려운 안건들과 고객들도 선배들의 조언을 받으며 착실히 준비한 결과 이는 성과로 이어져 부서 내 MVP를 받고 2년 차를 마무리 할 수 있었다. 그리고 나는 영업이, 이 일이 좋아지고 있었다.

일본, 한국을 **무대로 일하기**

━━ ● "나다움을 잘 발휘할 수 있는 일이란?"

주변의 도움에 힘입어 눈에 띄는 성장을 이루게 된 나는 입사 할 때부터 가고 싶었던 '해외 채용 영업부'에 지원하기 위해 담당 부장님께 면담을 신청했다. 일본이 아닌 해외에서 외국인을 채용하는 일본 기업의 채용을 컨설팅하고 지원하는 일을 하는 부서였는데, 내가 이루고 싶은 비전을 실현시킬 수 있는 부서라고 생각했다. 또 외국어를 할 줄 아는 장점을 살려서 일을 하고 싶었다. 그러나 면담을 하면서 외국어을 구사할 줄 알기에 해외 채용 영업부로의 이동이 수월할 것이라고 여겼던 나의 판단이 잘못됐다는 것을 알게 되었다. 그 직무에 있어서 가장 중요한 능력은 외국어 구사능력과 문화에 대한 이해가 아닌 탁월한 '영업능력'이었다. 대다수

기업들에게 있어 처음으로 시도하는 해외채용을 제안하고 지원하는 것은 고도의 영업력이 필요했다. 언어는 어디까지나 수단이고 업무 능력과는 별개 요소라고 생각하는 것 같았다. 면담은 기업의 경영진을 상대할 정도의 영업능력을 키우라는 조언으로 끝이 났다.

나는 의도적으로 경영진과 미팅을 잡을 핑계거리를 만들기 시작했지만 일개 사원이 상장회사의 경영진에게 미팅을 요청하기에는 그만한 이유가 필요했다. 더구나 조직적으로 영업을 하는 일본 회사에서는 경영진과 미팅을 하기 위해 치밀한 시나리오가 필요했다. 한 단계 더 성장하기 위해 넘어야 할 산은 너무나도 높았다. 클라이언트에게 요청 받은 일 외에 능동적으로 새로운 일을 만들기 시작했다. 그 과정에서 수십 명의 클라이언트 쪽 사원들을 만나 인터뷰를 했고 그 결과를 분석해 새로운 채용 플랜을 제안 해 프로젝트를 따냈다. 인터뷰를 통해 추가적으로 기업 문화에 대한 이해나 평가제도에 관련된 문제점을 찾았고, 이를 해결 할 제안을 하며 프로젝트영역을 확장해 나갔다. 그렇게 관계자가 채용담당자에서 인사과장님, 부장님으로 바뀌어갔다. 담당하던 프로젝트를 진행하던 중, 한 업계에 대한 편견 때문에 채용이 이뤄지지 않는 과제와 마주하게 되었다. 나는 업계에 대한 인식의 변화를 위해서 영향력이 있는 사장님과 업계를 제3자의 입장에서 바라보는 컨설턴트들의 대담 이벤트를 기획했다. 채용 설명회에서 외부 사람과의 대담을 하는 것은 새로운 시도였고, 이벤트를 성공시켜 사장님께 고맙다는 이야기도 듣게 되었다. 이 후 여러 프

오늘도 도쿄로 출근 합니다.

로젝트를 진행하며 다른 클라이언트를 포함해 미팅에 인사부장님과 경영진이 합석하는 일이 잦아졌고, 그렇게 영업목표 달성은 물론 표창도 여러 번 받으며 국내 법인 영업에 익숙해질 때 쯤, 나는 새로운 성장을 위해 다시 한 번 해외 채용 영업부에 이동을 신청했다.

■ ● 해외 채용 영업 담당으로

그렇게 담당 매니저와 임원과의 면담을 통해 해외 채용 영업 부서로의 이동을 확정 받았다. 당시만 해도 대학을 갓 졸업한 신입사원을 해외에서 채용한다는 것은 매우 획기적인 일이었다. 그래서 안정을 추구하는 일본 비즈니스 사회에서 해외 채용 구인을 제안하는 일은 쉽지 않아 보였다. 하지만 그동안 국내법인 영업 부서에서 쌓은 경험과 노하우, 외국인으로써 일본 회사에서 일하고 있는 나의 생생한 경험을 살려 영업을 시도했다. 기업들의 사업 전략에 맞춰서 해외 채용을 해야 하는 이유를 설명했고, 해외에서 일하고 있는 외국인이라는 나의 이야기는 외국인을 채용한 적이 없는 고객들에게는 도움이 되었는지 높은 성과를 올릴 수 있었다.

기업들은 여러 이유로 해외 채용을 시작했다. 해외 사업에 필요한 인력을 확보하려는 제조업도 있었고, 국적을 막론하고 우수한 인재를 채용하려는 컨설팅이나 금융회사들도 있었다. 또 희소성이 높은 시장에서 압도적인 마켓셰어를 자랑하지만 인지도가 낮아서 일본 국내에서는 인력 확보가 어려워진 제조업이나 해외 채용 사례가 늘어나는 IT업계에 속한 기업들도 많았다. 이유야 다양하지만 일본 기업들에게 해외 채용은 큰 도전임이 틀림없었다.

나는 기업들의 채용을 지원하는 동시에 한국 학생들의 일본 취업을 컨설팅해주는 커리어 카운셀링을 맡았다. 그래서 기업의 인사담당자와 대표님들을 모시고 서울로 출장을 가는 기회가 많았다. 설렘 반 걱정 반으로 면접장에 도착한 그들은 한국 학생들을 만나면 놀랐다. 의욕이 넘치고 일본어를 잘 하는 학생들이 많은 사실에 놀랐고, 이렇게 훌륭한 학생들이 일본 기업에 취업하기를 바라고 있다는 사실에 또 한 번 놀랐다. 그중에는 중국, 대만, 홍콩, 싱가포르 등 여러 나라에서 동시에 채용을 하는 기업들도 있었는데 일본어 능력뿐만 아니라 적당히 자기주장이 강하고 적당히 겸손함을 갖춘 한국 학생들이 다른 나라 학생들보다도 일본 기업에 잘 적응 할 것 같다는 평가를 받았다. 면접회가 끝나고 한국은 도대체 어떤 교육을 하기에 학생들이 이렇게 우수하냐며 교육제도와 학생들에 대해 이것저것 묻는 면접관들을 보면서 그 동안 같이 고생한 학생들이 대견하고 뿌듯했다. 1지망인 회사에 꼭 취업하고 싶다고 말했던 학생의 평가가 좋아 합격시키고 싶다는 피드백을 기업 측에서 받았을 때는 나도 덩달아 기분이 좋았다. 반대로 모의 면접을 했던 학생들 중 안타깝게 불합격한 친구에게 어떻게 하면 용기를 북돋아줄까 고민을 하기도 했다.

■━ ● 일본 취업의 갈림길, 목적의식

300여명의 학생들과 면담을 하면서 느낀 점은 생각보다 일본 취업을 하려는 명확한 이유가 없다는 것이었다. 일본에서 배우고 싶은 것이 있거나, 도전하고 싶은 뚜렷한 목적의식이 있는 학생보다는 단지 한국의 현실이 힘들어서 떠나고 싶다는 학생이 의외로 많았다. 일본의 경우 구직자 수가 적어서 일이 남는다는 뉴스를 보고 무작정 일본 취업을 준비한 학생들도 많았다. 절실한 마음을 이해 못하는 것은 아니지만, 일본에서도 힘들기는 마찬가지라고 꼭 말하고 싶다. 업계별, 규모별로 보면 일이 구하기 쉬운 직종은 굉장히 제한적이고, 많은 한국 학생들이 원했던 업종은 일본에서도 충분히 인재를 확보할 수 있기에 동일한 조건에서 일본인과 경쟁을 해야 하는 경우가 많다. 취업을 하더라도 가족과 친구가 없는 곳에서 외로워하는 사람들을 많이 봤기에 일본에서 일하고 싶은 명확한 이유와 목적, 힘들 때 붙잡아줄 수 있는 무엇인가가 필요하다는 이야기를 꼭 해주고 싶다. 합격을 하는 학생과 그렇지 않은 학생 사이에는 한 가지 큰 차이가 있었다. 일본 취업에 명확한 이유, '나를 붙잡아주는 무엇이 있는가.'였다.

암묵적인 종신 고용이 당연시 되어있는 일본의 견고한 중소기업들은 당신네 회사에 입사를 하기 위해 "삶의 터전을 옮긴다."는 선택을 한 한 사람의 인생에 책임감을 느꼈고, 어떻게 하면 더 오래 안심하고 일을 할 수 있을지에 대해 고민했다. 일본인과는 다른 문화관과 직업관을 갖고 있다는 사실을 염두하고 커리어플랜을 설계해주기를 당부하였고, 그 해 나는 10개가 넘는 기업에 약 30명의 한국 학생이 취업할 수 있도록 도울 수 있었다. 돌이켜보면 국내법인 영업 경험이 없었다면 많은 구인을 획득할 수 없었을 것이고, 커리어 카운셀러 공부를 하지 않았다면 300명이 넘는 학생들과 면담을 하는 일이 무척 힘들었을 것이다. 시간은 걸렸지만 그렇게 견뎌낸 시간이 있었기에 좋아하는 일에서 기회를 잡고 성과를 낼 수 있지 않았을까.

취업에 성공한 학생들과 채용에 성공한 기업들에게 감사 인사를 들었을 때, 난 느낄 수 있었다. 이것이 어쩌면 '나다움을 가장 잘 발휘할 수 있는 일'이라고. 외국인이라서 할 수 있는 일이 아니라 내가 좋아하고 잘하면서 내가 할 이유가 있는 일. 그리고 누군가에게 도움이 되는 일이라고. '나다움을 발휘할 수 있는 일' 이라는 것이 말로는 쉽지만 사실 그런 일이 세상에 얼마나 있을까. 나는 이런 기회를 준 회사에, 또 힘든 나날들을 견디고 이겨낸 나 스스로에게 정말 감사하고 있다. 쓸모없을 것 같은 경험들도, 멀리 돌아가는 것 같은 경험들도, 견디기 힘든 경험들도 매순간 최선을 다한다면 내 것이 되어 나중에 필요한 순간이 온다.
'그렇다. 모든 경험과 커리어는 이어져있었다.'

오늘도 도쿄로 출근 합니다.

도쿄 생활을
더 풍요롭게 해 주는 것

━ ● 도쿄 속의 한국인 커뮤니티

입사 6년차가 되고 나는 피치 못할 사정으로 프로젝트가 중단되면서 여태까지와는 다른 여유로운 회사생활을 하게 되었다. 지금까지는 목표달성을 위한 바쁜 나날들로 정시 퇴근을 손에 꼽을 정도였다. 퇴근 후의 개인적인 삶은 존재하지 않았다. 쉬는 것도 쉬어 본 사람이 잘 쉰다고, 갑자기 정시에 퇴근을 하게 되면서 무엇을 해야 할지 몰라 고민하다가 책을 읽기 시작했다. 한국어로 된 책을 읽고 싶어 한국인 커뮤니티에 독서모임이 있는지 문의하는 글을 남겼다. 그러자 독서 모임을 찾고 있는 여러 사람들의 댓글이 달렸고 그중에는 모임을 만들어 달라는 요청도 있었다. '같은 처지의 사람들이 있구나!' 라는 반가운 마음과 이 사람들과 모임을 해도 좋겠다는 가벼운 마음으로 SNS에 독서모임 그룹을 만들었다. 그 이름도 익숙한 '책책책을 읽읍시다 @ 도쿄'. 그렇게 2주 후 일요일 아침 10시, 첫 오프라인 모임을 가졌다.

　온라인으로, 그것도 취미활동으로 사람을 만나는 것은 처음이었고 도쿄에 10년을 넘게 살면서 모르는 한국인들과 만나는 것도 처음이었다. 설렘 반, 걱정 반으로 모임장소로 향했다. 자기소개를 하고 각자 책 소개를 하는데 내 걱정이 쓸 데 없는 것이었다는 것을 단 번에 깨달았다.

　'일요일 아침 10시, 책 읽는 모임에 나오는 사람들을 상상해보라. 딱 봐도 그려지지 않는가.'

　우리는 부지런하고 호기심도 많고 서로에게 좋은 자극을 줄 수 있는 사람들이었다. 한국어로 지적인 대화를 나눠 본 게 언제였는지 기억조차 나지 않던 우리는 일본에서 느끼지 못했던 짜릿함과 자극을 느끼며 모임을 가졌다. 그렇게 2주에 한 번, 일요일 아침에 만나 읽은 책들에 대해 소개하고 나누는 모임을 이어갔다. 책을 정말 좋아해서 나오는 사람도 있었고, 나처럼 책 읽는 취미를 갖고 싶어서 나오는 사람도 있었다. 또 사람들과 만나 이야기를 하는 것이 즐거워서 혹은 그리워서 나오는 사람들도 있었다. 책을 읽고 나누는 독서모임으로 시작했는데, 그 후 글쓰기 모임, 토론 모임으로 영역을 넓혀 갔고, 모임에 참여하는 분들이 자신의 취미나 능력을 모임 멤버들에게 나누는 이벤트들까지 하게 되었다. 바텐더 경력이 있던 분이 위스키에 관한 세미나와 시음회를 기획해 주셨고, 재즈를 좋아하

　오늘도 도쿄로 출근 합니다.

는 분이 재즈의 역사에 관한 이벤트를 열어주셨다. 나는 멤버들이 하고 싶은 것들, 우리가 함께 나누면 좋을 것들을 기획하고 지원했다. 그러다보니 나의 퇴근 후와 주말은 독서모임에서의 이벤트 기획과 독서, 각종 모임으로 가득 찼다. 일을 하고 취미생활을 하며 그리웠던 한국 정서를 채우는 균형있는 생활을 해나갔다. 가끔은 친목을 위한 여행도 떠났다. 여름에는 도쿄 근교에 위치한 치바의 캠프장에서 캠프파이어를 하며 90년대 추억의 가요들을 듣는 잊을 수 없는 밤을 보냈다. 한국 슈퍼에서 사온 술을 마시며 밤새 마피아게임과 진실게임을 한 그날, 우리는 치바에서 한국을, 우리의 지난 추억을 마주하고 있었다.

━ ● 더 많은 사람들과 함께 성장하는 모임

모임을 시작하고 맞이하는 두 번째 가을, '좋은 책을 만나고 좋은 사람과 만나고 좋은 경험과 만나 서로의 이야기를 나누고 더하며 더 좋은 나를 만나는 모임'이라는 뜻을 담아 모임 이름을 '위드 플러스'로 바꿨다. 기존 모임 외에 영화 모임, 희곡 읽기 모임, 와인 모임 등 함께 성장할 수 있는 각종 모임들이 더 많이 생겨났다. 그리고 모임을 시작한지 2년 반이 지난 지금, 560명의 사람들이 그룹에 있고 200여명의 사람들이 오프라인 모임에 참석했다. 또 대학생부터 직장인까지 여러 분야에서 일하는 30-40명의 사람들이 상시적으로 활동을 하고 있다. 다양한 관점을 가진 사람들이 만나 의견을 나누고 가볍게 커피를 마시며 서로의 일상을 나눈 뒤 각자의 일상으로 흩어진다.

이 모임에서 사람들을 만나기 전까지 나는 한국인 커뮤니티의 필요성을 전혀 느끼지 못했다. 학교를 도쿄에서 나왔기에 일본인 친구들도 많이 있었고, 친한 회사 동료들이 있었기에 한국인들을 새롭게 만날 필요도, 기회도 없었던 것이었다. 일본에서 오래 살았고 일본인들 사이에서도 아무런 불편함을 느끼지 못했지만, 나는 이 모임을 운영하면서 일본인과는 다른 한국인들만의 유대감이 있다는 것을 느꼈다. 외국에 있기 때문에 우리는 한국인이라는 이유 하나만으로도 동지애 같은 것을 느낀다. 아무리 일본어를 잘 하고 일본인과 친해져도 한국에서 나고 자란 우리가 기억하는 한국인들만의 정서가 있고, 그 정서를 그리워하면서도 일본에서의 삶을 헤쳐 나가고 있는 우리는 서로의 고독함과 무게감을 알기에 친밀감을 느끼는 것이다. 최근 코로나가 번지면서 오프라인 모임을 갖는 것이 여의치 않게 되자 온라인 모임으로 방향을 전환했다. 그 덕분에 도쿄를 떠나 한국으로 돌아갔거나 다른 지역으로 이사를 간 멤버들이 온라인 모임에 다시 참여 해주고 있다. 우리가 단순히 외로움을 달래기 위해 모인 사람들이 아니라 함께하는 시간이 유익한 사람들이라는 걸 증명하는 것 같다. 함께하고 있는 모임 멤버들이 정말 소중하고 너무나 감사하다. 일본에 오려고 생각하는 분들 중 '일본에 가면 일본 사람들하고만 지내면서 일본어 실력을 늘려야지.'라고 생각하는 분이 있을 수도 있다. 그것도 좋다. 하지만 이제야 확실히 말 할 수 있다. 도쿄 속의 한국은 내게 꼭 필요하다.

통계와 정보
일본 기업의 외국인 유학생 채용 현황

▬ ● "일본 취업이 'HOT'하다?"

산업인력공단에 따르면, 2019년 한 해 동안 일본 취업자 수는 2,469명으로 지난 5년 동안 약 4배 가까이 증가했다. 다른 나라들과 비교해봐도 그 숫자와 증가율은 압도적이다. 국내 취업이 어려워지면서 정부에서 해외 취업을 위한 예산을 투자하고, 여러 기관들이 해외 취업을 위한 교육을 진행하며 기회를 제공하고 있다. 여러 선택지 중 일본이라는 나라는 거리상 비교적 가깝고 문화 차이도 크지 않으며, 일본어가 상대적으로 배우기 쉬운 언어라는 점에서 매력적이라는 생각이 든다. 물론 일본의 구인난이 심해 외국인 채용을 적극적으로 하고 있다는 이야기 또한 일본 취업에 관심을 갖게 하는 요소일 것이다. 일본 기업들은 왜 외국인을 채용하

오늘도 도쿄로 출근 합니다.

며, 실제로 채용이 적극적으로 이뤄지고 있는 것일까? 그 현황에 대해서 알아보자.

━━ ● 얼마나 많은 일본 기업이 외국인을 채용하는가?

취업정보회사 〈디스코〉에 따르면 2019년 해외 대학교를 졸업한 외국인을 채용했거나 하려고 하는 일본기업은 25.8%로, 작년 25.7%와 비교해봐

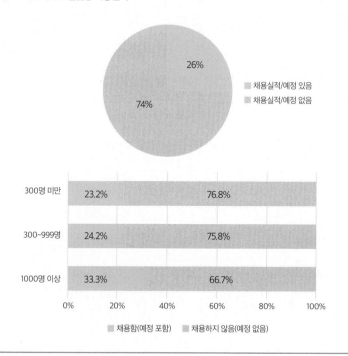

2019년도 해외 대학교 졸업생 채용실적

〈주식회사 디스코 외국인 유학생, 고도외국인 인재 채용에 관한 조사 (2019년12월 조사)〉

도 큰 차이가 없다. 즉 4개의 기업 중 한 곳은 해외에서 채용을 실시하고 있거나 검토하고 있다고 생각하면 될 듯하다. 기업을 규모별, 업종별로 분류했을 때 대기업일수록 외국인 채용율이 높았고, 제조업에 비해 비제조업이 3%정도 높았다. 참고로 일본 국내 대학교를 졸업한 외국인 유학생을 채용했거나 하려고 하는 기업은 34.8%로, 해외 대학교를 졸업한 유학생 채용에 비해 10%정도 높은 수준이다. 개인적인 의견으로는 일본어 수준과 일본 문화에 얼마나 잘 적응하는지를 중요하게 생각하는 기업이 많아 일본 대학교를 졸업한 유학생들이 이 점에서 유리하게 작용한 것은 아닌가 생각이 든다.

▬ ● 일본 기업들은 왜 외국인을 채용하려고 하는 것일까?

일본 기업이 외국인을 채용하는 데에는 여러 가지 이유가 있겠지만 '우수한 인재를 채용하기 위해서'라고 답변한 기업이 가장 많았다. 이는 우리가 흔히 접하는 '일본인 학생만으로는 채용 인원을 채우지 못해서'라는 이유 보다 3배 이상 많은 수치였다. 실제로 인사 담당자의 이야기를 들어보면 '우수한 인재를 채용하기 위해서'라는 것은 외국인이 상대적으로 우수하다는 뜻이 아니라, 우수한 학생이라면 국적 상관없이 채용을 하겠다는 뜻으로 보인다. 그 다음으로 '일본인 사원에게 영향을 주기 위해서'라는 이유가 두 번째로 꼽히는데, 외국인 사원이 입사하면 다양한 문화에

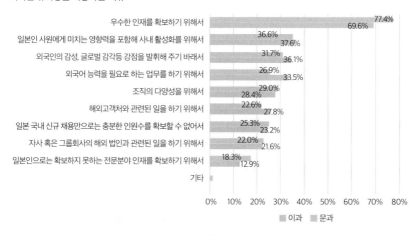

외국인 유학생을 채용하는 이유

항목	이과	문과
우수한 인재를 확보하기 위해서	77.4%	69.6%
일본인 사원에게 미치는 영향력을 포함해 사내 활성화를 위해서	36.6%	37.6%
외국인의 감성, 글로벌 감각등 강점을 발휘해 주기 바래서	31.7%	36.1%
외국어 능력을 필요로 하는 업무를 하기 위해서	26.9%	33.5%
조직의 다양성을 위해서	29.0%	28.4%
해외고객처와 관련된 일을 하기 위해서	22.6%	27.8%
일본 국내 신규 채용만으로는 충분한 인원수를 확보할 수 없어서	25.3%	23.2%
자사 혹은 그룹회사의 해외 법인과 관련된 일을 하기 위해서	22.0%	21.6%
일본인으로는 확보하지 못하는 전문분야 인재를 확보하기 위해서	18.3%	12.9%
기타		

<주식회사 디스코 외국인 유학생, 고도외국인 인재 채용에 관한 조사 (2019년12월 조사)>

대한 이해를 하게 되면서 회사 분위기가 활발해 진다는 이야기를 듣는다. 실제로 내가 배치된 부서에도 외국인은 나 밖에 없었는데 많은 분들이 한국에 대해 물어보기도 하고, 외국인 사원과 일하는 것에 대한 불안감이 사라졌다는 의견도 전했다. 외국인을 채용하는 이유로 '외국인의 감성과 국제적인 감각을 살려서 일 해 주기를 기대하는 점'과 '외국어가 필요한 업무, 해외 업체와의 업무진행' 등 외국인이기에 기대하는 점들도 거론되었다.

■ ■ ● 일본 기업은 외국인을 채용 할 때 어떤 점을 중요하게 볼까?

외국인 채용과 관련한 데이터들 중 대부분이 '일본어 능력'을 1순위로 꼽는다. 일본에서 일을 하기 위해서는 높은 일본어 구사능력이 필요하다. 물론 IT엔지니어 등 비교적 의사소통이 적은 직종은 일본어보다 실력이 우선시되기도 하지만 대부분의 기업에서는 일본어 능력을 중시한다. 일본 기업들은 문서화를 좋아하는데 일본어 수준이 낮으면 회의록 작성이나 업무처리에 있어 지장이 있다. 특히 영업이나 접객의 경우에는 일본인과 동일한 수준의 일본어 능력을 요구하기도 한다. 또한 회사 내에 외국어를 할 수 있는 관리직급 사원이 많지 않아 '일본어 능력'을 빼 놓지 않고 보는 경우가 많다. 외국인을 채용하는 이유 중 가장 많이 꼽힌 이유가 '우수한 인재를 채용하기 위해'라고 하는데 그 '우수함'에는 커뮤니케이션이 포함되어 있는 듯하다.

■ ■ ● 코로나로 인해 바뀐 일본 구직시장

코로나로 인해 2020년 일본 구직시장 분위기가 크게 바뀌고 있다. 일본은 매년 3월 신입사원 채용전형이 시작되는데, 가장 활발히 면접이 이뤄지는 3~5월에 코로나로 인한 긴급사태가 선언되었다. 이에 따라 재택근무와 사회적 거리두기가 시행되면서 많은 회사들이 채용을 일시 중단하기도 했고, 급하게 온라인 시스템을 도입해 면접을 진행하는 등 어려움을 겪었다. 취업정보회사 〈리쿠르트 커리어〉에 따르면, 일본 대학생 신입 내정율*이 7월에 73.2%로 작년 대비 11.8%나 떨어졌다고 한다. 온라인 면접을 진행하거나 예정대로 채용을 진행하면 그나마 다행이지만, 불확실성이나 경제적 타격으로 채용인원을 감소하는 업계도 있어 2012년을 기점으로 줄곧 상승했던 유효구인배율*이 처음으로 하향곡선을 그리기 시작했다.

코로나는 일본 대학생들뿐만 아니라 외국인 유학생에게도 영향을 미쳤다. 취업정보회사 〈디스코〉에 따르면, 일본 국내 대학을 졸업한 외국인의 7월 내정율은 31.5%로, 일본 학생들(77.7%)의 반에도 미치지 못하고 작년과 비교해도 10%정도 떨어진 상황이다. 문과와 이과로 나눠서 보았을 때, 문과 학생들의 내정율이 작년 대비 12% 하락한 것에 비해 이과 학생들은 큰 차이가 없어 '문송합니다*' 현상을 일본에서도 볼 수 있음을 이야기해준다.

그러나 코로나가 가져온 것이 안 좋은 것만은 아니다. 코로나를 계기로 온라인 채용활동이 급속히 진화했다. 취업정보회사 〈디스코〉에 따르면, 올해 채용에서 온라인 면접을 진행하는 회사는 73%로, 이중 62.6%는 올해 처음으로 온라인 면접을 도입했다고 한다. 기업 설명회를 온라인으로

---

* 취업을 희망하는 구직자 중 기업으로부터 내정을 받은 사람의 비율
* 구인인원을 구직건수로 나눈 값으로 구직자 1인당 일자리 수
* 문과라 죄송합니다'의 줄임말

내정률

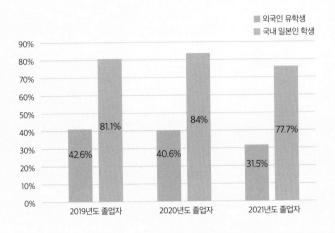

〈주식회사 디스코 외국인 유학생 취업활동 상황 (2021년도 조사 결과 2020년 8월 발행)〉

외국인 유학생 내정률

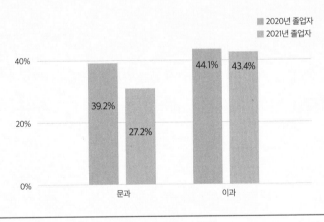

〈주식회사 디스코 외국인 유학생 취업활동 상황 (2021년도 조사 결과 2020년 8월 발행)〉

오늘도 도쿄로 출근 합니다.

실시하는 회사 또한 70.3%로, 컴퓨터나 스마트폰만 있으면 일본 기업의 설명회에 참가 할 수 있게 되었고 앞으로도 이 추세는 계속 될 것이라 생각된다. 일본을 직접 방문하지 않으면 참가하기 어려웠던 지난날에 비해 온라인을 통해 한국에서도 전형에 참가할 수 있기 때문에 조금은 편리하게 취업 활동을 할 수 있지 않을까 생각한다.

'유효구인배율'이 작년보다 낮아졌다고 하더라도 여전히 한 명의 학생에게 1개 이상의 직장이 준비되어 있는 곳이 일본 취업 시장이다. 코로나로 인해 이동에 제한이 있기는 하지만 일본 기업들의 채용문은 여전히 열려 있으니 차근차근 잘 준비하면 기회를 잡을 수 있을 것이라 생각된다.

온라인 면접 실시 상황

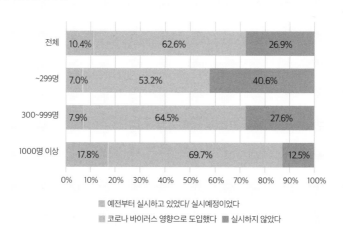

〈주식회사 디스코/ 신입사원 채용에 관한 기업조사(2020년 7월조사) 2021년도 졸업 신입사원 채용에 관한 조사-중간보고〉

대학원 대신 선택한
일본 취업

조국현
[20대 / 남자 / 제조업 연구개발직]

일본에 취업하기 전까지 일본에서 살아본 경험이 없다. 평범하게 한국에서 대학을 다니며 일본 취업에 성공했다. 현재 일본 취업의 노하우를 살려 자신과 같은 고민을 하는 사람들을 위해 강연과 상담을 하며 도움을 주고 있다. 현재는 새로운 꿈을 찾아 자신의 인생 2막을 준비하고 있다.

Time Line

2007 JLPT 1급 취득 (고1)
2018 자동차, 반도체, 로봇 회사 연구개발 내정
2018 일본 취업 선배로서 여러 강연에 나가 발표
2019 제조업 입사

Contact

instagram: eschobboy

25년 동안의 한국 생활 청산, 새로운 세계로

한국은 나에게 있어서 굉장히 익숙하고 편한 고향이다. 취업 준비를 해야 하는 대학교 3학년 시절, 내가 어디에서 무엇을 하고 살아야 할지 고민한 끝에 과감하게 한국 생활을 청산하고 일본으로 넘어가기를 결정하였다.

이별, 그리고 진로 변경

사람들은 일본으로 취업하려는 이유 중 하나로 일본에 일본인 이성 친구가 있다는 이야기를 한다. 하지만 내 경우는 반대이다. 일본인 여자 친구와의 이별을 계기로 일본 취업을 결정하게 되었다. 나는 처음부터 일본 대학원에서 공부할 생각이었다. 대학교를 다니면서 앞으로 어떤 연구를 하고 싶은지를 생각하며 준비해왔기 때문이다. 하지만 대학교 3학년이던 2017년 겨울, 일본인 여자 친구와 헤어지고 난 후 난 엄청난 변화를 겪게 되었다. 책이 읽히지 않았다. 가만히 앉아서 공부를 하려고 하면 집중을 할 수 없었다. 그러던 중 일본으로 취업하겠다는 친구의 이야기를 듣고 새로운 도전을 하기로 결심했다. 그렇게 난 이전의 여자 친구를 잊고자 일본 취업 전선에 뛰어들게 되었다.

━ ● 애초에 일본으로 가려고 했던 이유는?

애초 나에게 일본은 대학원 진학을 위한 곳이었다. 많은 나라 중에 왜 하필 일본이었는지는 크게 세 가지 이유를 들 수 있다.

첫 번째는 새로운 문화를 경험하고 시야를 넓히고 싶었기 때문이다. 여태껏 살아오면서 많은 해외 경험을 했다. 태국, 멕시코, 미국, 일본 등 가족과 함께 한 여행과 홀로 혹은 친구와 함께 했던 유럽여행, 그리고 어학연수로 10개월 동안 생활했던 캐나다에서의 해외 경험이 있다. 여러 문화권의 사람들을 만나 이야기를 나누면서, 한국에서만 자란 나의 세상을 바라보는 시야가 좁다는 것을 느꼈다.

그래서 한국이 아닌 해외에서 일을 하면 색다른 관점에서 생각할 수 있는 계기가 되어 더 큰 사람이 될 것이라 생각했다.

두 번째는 세계로 뻗어 나가고 싶다는 나의 꿈 때문이다. 한국에는 영어를 비롯하여 외국어를 잘하는 유능한 사람들이 굉장히 많다. 그들과 경쟁해서 내가 해외로 출장을 가거나 주재원으로 나갈 확률을 생각해 보니, 가능성이 높지 않다는 판단이 섰다. 해외 활동을 간절히 원했던 나는 당시, 일본 사람들이 한국 사람들에 비해 해외진출을 꺼린다고 들었다. 사귀었던 여자 친구도 캐나다로 유학 갈 당시, 친구들에게 "왜 다른 나라로 가? 굳이 해외로 안 나가도 되잖아?"라는 말을 들었다고 했다. 그런 일본 특유의 분위기 속에 이미 외국에서 일하고 있는 나에게 다른 나라로 갈 기회 역시 찾아오지 않을까 싶어 일본으로 가게 되었다.

마지막으로 내가 가지고 있는 어학 능력 때문이다. 일본어는 나에게 있어서 한국어와 비슷할 정도로 구사할 수 있는 유일한 외국어이다. 캐나다로 어학연수를 다녀왔지만 영어는 내가 하고 싶은 말의 70% 정도를 표현할 수 있는 정도였고, 반면 일본어는 90% 정도 표현할 수 있었다. 그렇기 때문에 편하게 생활하기 위해서 일본이라는 나라를 선택하게 되었다.

▬ ● 내정이후 코트라(KOTRA)와의 인연

2018년 7월 어느 날, 한 통의 전화가 왔다.

"안녕하세요, 조국현 씨죠? 이번에 일본 취업 설명회가 있는데 멘토로

부탁드려도 될까요? 또 일본 취업박람회에서는 강연까지 부탁드리고 싶은데". 이를 계기로 나는 전국의 4개 도시를 돌아다니며 매일 100여 명의 상담을 진행했다. 2018년 11월에 열린 일본 취업박람회에서는 100여 명 앞에서 강연을 하고 많은 취업준비생들과 이야기를 나누었다.

이야기를 나누던 중 알게된 것은 많은 사람들이 신문 기사에 나오는 '한국인재 모셔갑니다'라는 문구에 혹해서 일본 취업을 쉽게 본다는 것이었다. 심지어 일본 취업의 기본 중에 기본인 일본어조차 준비가 안 된 사람들이 많았다. 일본에서 사람을 채용할 때 흔히 말하는 '스펙'을 보고 뽑지는 않지만, 최소 자신의 의견을 일본어로 표현할 수 있어야 일본 기업에 지원할 자격이 있다고 생각한다. 실제로 지인이 ○○기업 최종면접에서 있었던 일이다. 당시 면접에 참여했던 지인은 "당신들이 보는 저의 잠재력은 무엇일까요? 그리고 저를 뽑는다면 이유는 무엇일까요?"라고 질문을 했다. 이에 대해 면접관은 "외국인인 당신이 우리와 불편함 없이 우리말로 대화를 하는데, 이보다 더한 설명이 필요할까요?"라고 대답을 하였다고 한다. (일본 면접 과정 중 취업 준비생이 면접관에게 반대로 질문할 수 있는 '역질문' 시간이 주어진다.)

일본의 원하는 회사에 들어가기 위해서는 무엇을 해야 할까? 한국에서 흔히 이야기하는 '스펙'에 대한 집착을 버리고, 자신이 무엇을 하고 싶은

지를 알고 그것을 일관성 있게 일본어로 말하는 것이 중요하지 않을까.

내정 쟁취를 위한
'위대한 취업활동'

친구 따라 일본 취업 뽀개기

어느 날, 친구가 말했다.

"야! 나 일본으로 취업한다!"

"니가? 워킹홀리데이 해 보고 나니까 일본에서 살아보고 싶어서 그렇게 정한 거야?"

"그치. 오사카에서 살아보고 싶어서!"

이 세 마디를 주고받고서 마음을 고쳐먹었다. 어차피 여자친구와의 이별후유증으로 공부도 안 되던 때였다. 대학원을 가도 제대로 못 할 것 같다는 생각이 들었다. 그래서 친구 따라 일본 취업을 결정했다. 그리고 대학교 3학년 2학기 끝날 무렵인 2017년 12월, 내정을 받기 위한 나의 여정은 시작되었다. 그때부터 일본 취업에 대해 조사하기 시작했다. 이때 나왔던 결과는 다음과 같았다.

- ▶ 한국인은 성실하고 일처리가 빠르기로 유명해 일본인보다 좋은 평가를 받는다.
- ▶ 한국인은 일본인보다 영어를 잘하기 때문에 취업에 유리하다.
- ▶ 해외로 나가는 것을 꺼리는 일본인들에 비해 한국인은 해외로 나가고 싶어 하는 경향이 강하기 때문에 채용을 원한다.
- ▶ 한국은 '구인난'이지만 일본은 '인력난'으로 일자리가 많다.

조사를 바탕으로 친구와 나는 일본 취업의 원대한 꿈을 꿨다. 해가 바뀌고 1월 초, 나는 한 신문 기사를 접했다. "일본인 취업 컨설턴트가 무료로 상담해 드립니다." 나는 바로 연락을 하였고 일본 취업 전문가와의 인연이 시작되었다. 일본인 취업 컨설턴트는 개인 프로필을 비롯해 어느 회사, 어느 직무로 가고 싶은지 준비해 달라고 하였다. 그래서 나는 '현재 나의 스펙과 앞으로 2~3개월 안에 만들 수 있는 스펙, 히타치(가전제품을 포함한 여러 기계부품, 전자부품을 만드는 유명 제조업.)와 같은 대기업의 연구 개발 직종을 희망한다.'는 짧은 소개서를 적어 갔다. 이것을 본 컨설턴트는 말했다.

"너, 일본에서 취업 못 해!"

이유를 묻는 나에게 컨설턴트는 말했다.

"나는 네가 왜 일본에서 일해야 하는지, 그 기업들을 왜 가려고 하는지, 그리고 그 직무에서 왜 일해야 하는지 하나도 모르겠어." 그 이야기를 듣고 깨달았다. 그리고 그때부터 일본 취업을 위해서는 '자기분석'이 우선되어야 하는 것을 알았다.

━ ● 일본 취업의 든든한 버팀목, 스터디

일본의 취업문화는 굉장히 특이하다. 채용시즌이 상반기와 하반기로 나누어져 있는 한국과는 달리 일본 기업은 매년 3월 1일부터 ES(Entry Sheet의 줄임말로써 회사에 지원할 때 처음 제출하는 이력서와 같다.)를 받기 시작한다. 또 동시에 여러 취업박람회가 열려 현장에서 회사에 대한 설명을 들을 수 있다. 일본회사에 대해 아는 것이 없던 나와 친구는 일본 취업사이트 〈리쿠나비〉에서 주최하는 기업 합동 설명회에 갔다. 총 3일에 걸쳐 행되는 설명회에서 난 수 십여 개의 회사를 돌아다녔다. 현장에서 받은 안내서를 통해 업계에서 어떤 일을 하는지 알 수 있었고, 실무자들과 직접 이야기를 나누며 중요하게 평가하는 부분이 무엇인지 알 수 있었다. 한국으로 돌아온 나는 일본 취업 스터디에 들어갔다. 혼자서는 힘들었던 자기분석 결과 및 피드백을 받았고, ES 첨삭도 받을 수 있었다. 매주 회사별 ES 제출 날짜를 업데이트하였고, 최소 2주 전에는 ES를 첨삭 받았다. 석 달이란 시간

동안 약 100여건의 첨삭을 받았다. 뿐만 아니라 스터디에서 만난 동료들 덕에 흔들리지 않고 끝까지 취업 활동을 마칠 수 있었다.

━ ● Motivation Graph, 자기분석의 시작점

자기분석을 했던 방법을 간단하게 두 가지로 나누어 설명하고 싶다.

첫 번째 방법은 바로 Motivation Graph이다. 이 그래프는 자신의 열정(y 축)을 시간(x축)에 맞춰 기록을 하게 된다. 나 같은 경우, 일본어를 시작하게 되었던 중학교 3학년 때가 그래프의 시작이 된다. 이때 일본어에 재미

Motivation Graph

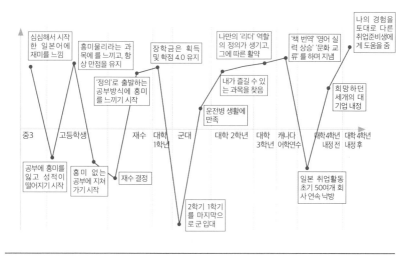

를 느꼈고 열정도 굉장히 높았다. 고등학교 3학년 때 재수를 하게 되면서 열정이 조금 떨어지지만 그 이후 다시 공부에 재미를 느껴 그래프는 올라간다. 자신의 과거를 뒤돌아보며 어떠한 사건들이 있었는지 나열해 보면 자신이 어떤 사람인지 대략 알게 된다. 그리고 그 사이사이에 자그마한 사건들을 채워나가면 자신만의 ES를 쓰기 위한 재료들이 준비될 것이다.

두 번째 방법은 정말 가고 싶은 기업으로부터 자신을 찾는 방법이다. 예를 들어, 내가 도요타*를 가고 싶다면 이 회사의 어떤 점이 매력적으로 다가왔는지를 마인드맵으로 그려 그에 맞는 자신의 경험을 찾아가는 것이다. 이 외에도 다른 방법들이 있겠지만 나는 위의 방법들을 강력 추천한다.

▬ ● 50여 차례의 낙방, 그리고 내정

100여 차례 이상 첨삭을 받아가며 최소 50개 이상의 회사에 지원을 하였다. 그중 4월부터 5월 초까지는 나에게 있어 하루하루가 절망이었다. 가고 싶던 기업들로부터 모두 불합격 통보를 받았기 때문이다. 수많은 기업에 떨어지며 나만의 노하우를 알게 된 것일까. 5월 중순부터 ES 합격 소식이 도착하게 되었고, 5월 말 즈음 열렸던 코트라(KOTRA) 해외 취업 박람

* 전세계에서 가장 많은 자동차를 팔고 있는 자동차 회사.

회 때 절정을 맞이하게 되었다. ES만으로 합격률 90%를 자랑하게 되었고, 면접까지 합격하게 되었다. 마치 드래곤볼에 나오는 손오공처럼, 수많은 실패를 통해 ES 집필 능력과 면접능력이 상승했던 것이다. 그리고 현재 나는 내정 받은 3개의 회사 중 한 회사에서 연구개발직으로 일하고 있다.

　일본 취업을 꿈꾸는 사람들에게 소소한 나만의 이야기를 해주고 싶다. 자신의 선택지를 늘리기 위해서는 본인을 찾아오는 기업만을 보는 것이 아니라 본인이 직접 찾아갈 수 있어야 한다. 쉽게 말해 채용을 위해 한국에 오는 일본 기업의 수는 적으니 취업을 원한다면 직접 현지로 찾아갈 줄도 알아야 한다는 것이다. 현지 일본인들과 싸워 쟁취할 수 있는 능력을 기른다면 자신이 원하는 기업에 갈 확률을 높일 수 있을 것이다. 여기까지 말하면 자주 듣는 말이 있다. "시간이 없는데 어떻게 일본을 직접 가서 해요?"라는 질문이다. 잠시 내 이야기를 하겠다. 내일본 취업을 준비하던 4학년 1학기 때, 난 21학점, 총 7개의 강의를 수강하고 있었다.이 강의들을 다 들으면서 한 학기 동안 일본을 다녀온 횟수는 총 8번, 두 번을 제외하고는 모두 다 1박 2일로 다녀왔다. 1박 2일의 스케줄은 늘 시간을 쪼개는 빡빡한 일정이었다. 첫째 날, 학교 수업을 모두 다 듣고 오후 4~5시 사이의 비행기를 타고 일본으로 간다. 일본 도착 후, 간단하게 저녁을 때우고 숙소에서 과제와 논문을 읽는다. 그리고 다음 날 회사 설명회나 면접에 참여한 뒤, 옷을 갈아입을 시간도 없이 바로 공항으로 가 귀국을 했다. 굉장히 바쁜 스케줄이었지만 내가 정말 하고 싶었던 일이었기 때문에 결국에는 해냈다. 그러니 자신의 확고한 목표를 정하고 그것을 즐겨라. 그렇다면 모든 목표를 다 이루어 낼 수 있을 것이다.

일본회사의 신입사원이 알려주는 꿀팁

(이 내용은 경험에 의한 나의 의견일 뿐, 회사마다 다를 수 있다는 점을 명심하기를 바란다.)

Ch.1 첫인상은 강렬하게!

내 이름을 각인시켜라. 나는 처음부터 내 이름을 각인시키기 위해 본명을 사용하기보다 별명을 만들어 나 자신을 소개하였다. 때는 2018년 10월 1일, 회사 내정식*이 있던 날이었다. 내정식이 끝난 후, 100여 명의 동기들과 함께 술집에 갔다. 당시 같이 면접을 봤던 한국인 동기 외에는 아는 사람이 한 명도 없던 상황이었다. 그때 나는 '조국현'이라는 본명이 아닌 꾸꾸(일본어로는 クック) 라고 소개하였다. 이는 내가 영어 이름으로 사용하고 있는 Cook의 일본식 발음이다. 소개가 끝난 후, 내가 한국인임을 알아차린 일본인 동기들이 편하게 질문을 하면서 자연스럽게 친해질 수 있었다.

---

* 내정(회사 합격 통보)을 받고, 10월 1일 합격자들이 한 자리에 모이는, 첫 번째 공식적인 자리

그렇게 친해진 동기들과 밤새 술을 마셨다. 그렇게 술과 함께 강렬했던 첫 만남을 보낸 후, 입사식에서 나를 알아보고 먼저 반갑게 맞이해 준 동기들이 생겼다. 첫 만남에서 편하게 다가가는 나의 방법이 정답은 아니지만 확실한 인상을 남겼던 것만큼은 사실인 듯하다.

■ ● Ch.2 알아도 모르는 척!

첫인상을 확실히 남겼다고 하여도 일본인들의 대화에 참여하는 것은 쉬운 일이 아니다. 물론, 처음에는 외국인이기에 관심을 많이 가져준다. 그러다가 점차 자기네 이야기를 하는데, 내가 잘 아는 것이 아니기 때문에 대화에 참여하는 것이 어렵다고 생각될 것이다. 이 때, 나는 궁금해 하는 표정을 지으며 물어보는 방법을 사용한다. 예를 들어, 내가 알아들을 수 있는 사투리에 대해서도 다시 물어보는 것이다. "진짜?" 혹은 "정말?" 이라고 묻는 일본어 표현은 "本当に？(혼또니?)"가 된다. 하지만 오사카와 같은 관서지방에서는 "ほんま？(혼마?)"라고 하는데, 이러한 표현을 들었을 때 "'혼마' 가 무슨 뜻이야?"라고 물어보면, 친구들은 그 뜻을 알려주며 다른 표현도 가르쳐주려고 할 것이다. 그러면서 자연스레 화제에 스며들어 이야기를 나눈다면 동기들과 지내는 데에는 큰 문제가 없을 것이라고 생각한다.

오늘도 도쿄로 출근 합니다.

━ ● Ch.3 외국인 신입사원

배속*을 받고 그 주 금요일, 170여 명의 사람들 앞에서 인사를 하는 자리가 마련되었다. 6명 중 처음으로 자기소개를 하게 된 나는 어떻게 하면 나를 조금이라도 알릴 수 있을까 고민했다.

"안녕하세요. 올해 처음 일본으로 오게 된 조국현이라고 합니다! 아직 일본 생활이 얼마 되지 않아 일본어나 문화적인 것과 관련해 많은 도움이 필요할 것 같습니다. 앞으로 잘 부탁드리겠습니다! 그리고 조국현이라는 제 이름은 발음하기 어려우실 테니 그냥 편하게 '꾸꾸'라고 불러주시면 됩니다."

그 후 사람들은 나를 '꾸꾸'라고 부르며 관심을 가져주었고, 나 역시 회사 분위기에 녹아드는 데에 큰 도움이 되었다고 생각한다.

━ ● Ch.4 좋은 평가를 받았던 점

일본어 실력은 일본 취업에 당연시되는 능력일 것이다. 현지인이 아닌 나는 조금이라도 조직에 맞는 일본어를 구사하고 싶었고, 그것을 나만의 능력으로 인정받고 싶었다. 그래서 나는 선배에게 하나의 제안을 하였다.

---

* 배속 : 자신이 일을 하게 될 부서로 '배치'

"1년 동안 일본어로 이메일 쓰는 법 등 많은 것을 여쭤보면서 천천히 하겠습니다. 하지만 내년부터는 외국인이니까 못 할 수 있다는 핑계를 대지 않겠습니다."

중요한 회의 중 내가 못 알아듣는 이야기가 나올 때에는 회의가 끝난 후 선배에게 바로 묻고 노트에 정리하는 모습을 보여줌으로써 좋은 인상을 남길 수 있었다. 아무리 좋은 성적으로 입사를 하더라도 모든 업무에 대해 알 수는 없다. 뿐만 아니라, 자신의 전공이 아닌 부서로 배속 받는 경우도 있다. 이럴 경우에는 업무에 대한 지식이 없고 어떻게 처리해야 하는지 모를 수 있다. 이럴 때, 어떤 식으로 질문을 하는 지가 나에 대한 평가를 가르는 중요한 기준이 된다. 먼저, 내가 아는 것은 무엇인지 정확하게 설명을 하고 이해가 안 되는 부분에 대해서는 어떠한 근거로 고민을 하고 있는지 확실하게 전달한다. 그렇게 해야 상대방도 정확한 답을 알려줄 수 있고, 질문한 사람도 좋은 정보를 얻을 수 있다. 질문은 추상적이지 않게, 정확하고 구체적으로 해야 좋은 평가를 받을 수 있다.

오늘도 도쿄로 출근 합니다.

통계와 정보: 독신자 라이프

"도쿄에서 독신으로 산다는 것은?"

일본은 다른 나라에 비해 독신 가정이 많기로 유명하다. 독신 가정이 왜 많아졌는지, 또 독신가정의 평균 급여와 생활비는 어느 정도인지 소개해 보려고 한다. 총무성 국제조사에 따르면, 1970년 614만 세대(5.9%)가 독신 가정이었던 반면, 2015년에는 1,842만 세대(14.5%)로 증가했으며 이 수치는 계속해서 증가할 것으로 보인다. 2018년도에 조사 자료에 의하면, 2040년 즈음에는 일본 내의 약 40%의 가구가 독신 가정이 될 것이라고 한다.

독신 가정이 늘어나게 된 이유는 크게 두 가지로 나누어 볼 수 있다. 첫 번째가 바로 노인 독거 비율의 증가이다. 2015년 시점에서 남성은 14%, 여성은 21.8%였던 노인 독거 비율이 2040년에는 남성이 20.8%, 여성이 24.5%까지 상승할 것으로 보인다. 즉, 남성 노인의 5명 중 1명, 여성 노인

1900년 후반부터 2015년까지의 1인가구 증가

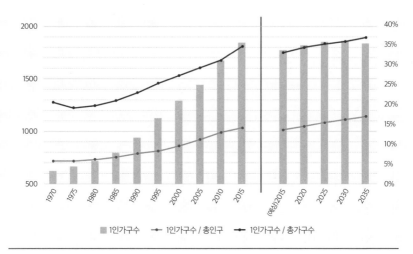

■ 1인가구수   ─●─ 1인가구수 / 총인구   ─◆─ 1인가구수 / 총가구수

〈https://www.minnanokaigo.com/news/kaigogaku/no401/〉

2015년 이후 1인가구의 분포 증가

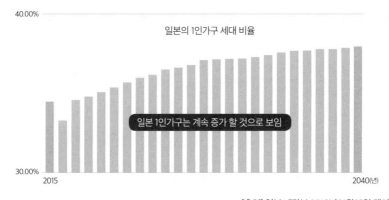

일본의 1인가구 세대 비율

일본 1인가구는 계속 증가 할 것으로 보임

[출처] 일본 내각부 2018년01월22일 갱신

의 4명 중 1명은 독신으로써 생활하게 된다는 것이다.

두 번째 이유는 미혼율의 상승이다. 1950년 시점에서 남성 1.5%, 여성

오늘도 도쿄로 출근 합니다.

1.4%만이 평생을 미혼으로 살았던 반면, 1980년도에는 남성 2.6%, 여성 4.4%로 증가했다. 이에 2015년에는 남성 23.4%, 여성 14.1%가 평생 미혼으로 살고 있다고 한다. 이 사람들은 왜 결혼을 하지 않고 독신생활을 선택한 것일까? 그 이유는 혼자 살아도 만족하며 살 수 있으며 경제적으로 불안함이 없기 때문이라는 조사 결과가 있다.

그렇다면 혼자 사는 사람들의 평균 급여는 어느 정도이며, 또 평균적으

연령대별 평균 연봉   단위:엔

나이	남성	여성	총
10대	162만	114만	137만
20대 초반	284만	249만	267만
20대 후반	404만	326만	370만
30대 초반	470만	315만	410만
30대 후반	528만	314만	448만
40대 초반	581만	319만	476만
40대 후반	635만	313만	502만
50대 초반	682만	322만	529만
50대 후반	686만	298만	520만
60대 초반	537만	242만	416만
60대 후반	410만	211만	382만
70대 이상	545만	293만	441만

[자료 출처] 2020년 9월 일본 국세청 발표

로 사용하는 생활비는 얼마일까? 민간 급여 실태 통계 조사와 임금 구조 기본 통계 조사를 통해 측정된 수치에 따르면 세대별 평균 연봉, 1년 평균 지출, 그리고 평균 한 달 급여 내에서의 지출 내역은 아래 표에서 확인할 수 있다. 그리고 전 연령별의 연봉 평균치는 앞의 표와 같다.

전 세대 평균값인 441만엔을 기준으로 하였을 때, 실수령액은 일반적으로 아래 표와 같다. 표에 따르면, 연봉 441만엔일 경우 1년 동안의 실수령액 연수입은 354만엔, 실수령액 월수입은 약 29.5만엔이라는 수치가 산출된다.

해당 표에서 산출된 29.5만엔이라는 돈은 한국 돈으로 치면 약 300만 원인데, 이 돈으로 어떻게 생활할까? 그 지출 분포는 아래 자료에서 확인할 수 있다.

1인가구의 지출 분포 · 단위:엔

내역	금액
연봉	441만
소득세	10.8만
주민세	21.3만
사회보험·연금	53.5만
실수령액 연수입	354만
실수령액 월수입	29.5만

[자료 출처] 2020년 9월 일본 국세청 발표

오늘도 도쿄로 출근 합니다.

평균 연봉 436만엔의 월 평균 생활비 상세(1인가구의 경우)   단위:엔

내역	금액
식비	24,800엔
주거비	74,400엔
수도·광열비	12,000엔
통신비	15,000엔
보험료	15,000엔
교육비·양육비	0엔
취미·오락·교제비	39,680엔
식료품	7,440엔
저축	74,400엔
기타	27,280엔

[자료 출처] 2020년 9월 일본 국세청 발표

　물론 위 표에 나오는 수치는 모두 평균치이며, 본인이 일하는 곳이나 직무에 따라 급여도 달라진다. 하지만 일반적으로 지출 명세는 비슷할 것이라고 생각하기 때문에 앞으로 어떤 방법으로 저축하면 될지를 앞선 전략 지표를 참고하면 좋을 것 같다.

교환학생으로
시작한 일본생활

김소이
[20대 / 여자 / IT·웹 엔지니어]

대학교 3학년을 마치고 유럽으로 교환학생을 준비하던 중 친구와 함께 한 일본 여행을 계기로 일본 유학을 결심했다. 초등학교 6학년 때부터 공부하던 일본어를 살려 도쿄의 주오대학교 이공학부에서 1년 동안 교환학생으로 생활했다. 일본의 패션브랜드에서 아르바이트를 하며 일본 기업문화에 매력을 느꼈고, 졸업준비와 함께 일본으로의 취업 준비를 병행하였다. 졸업 후 일본의 작은 벤처기업에서 엔지니어로 본격적인 일본생활 시작, 입사 8개월 만에 퇴사하여 광고회사로 이직하였다. 2021년부터는 세계 최대 규모의 미국계 글로벌 경영 컨설팅 기업으로의 이직이 결정되어 일본을 넘어 세계를 무대로 한 새로운 도전을 준비 중이다.

Time Line

2013 단국대학교 토목환경공학과 입학
    (2014 소프트웨어학과로 전과)
2016 일본 주오대학교 이공학부 전기전자정보통신공학과
    1년 교환학생
2018 단국대학교 소프트웨어학과 졸업
    일본 벤처기업 웹 엔지니어로 입사
    본격적 일본생활 시작
2018 광고회사로 이직
2021 세계 최대 미국계 컨설팅회사 이직

Contact

blog: blog.naver.com/9461so2
email: 9461so2@naver.com
brunch: @sodiandb612

일본 기업도
취준생의 스펙을 볼까?

▬▬ ● 신입사원에겐 너무 혹독한 신입 엔지니어 채용회

나의 최종 목표는 엔지니어를 전문적으로 채용하는 기업 내 채용담당자가 되는 것이다. 그러한 나에게 잊지 못할 기억이 하나 있는데, 바로 한국에서 열린 엔지니어 신입사원 채용회의 멤버로 발탁된 것이다. 때는 2018년, 나는 입사한 지 4개월쯤 된 풋내기 신입사원이었다. 그런 내가 부장님, 인사팀 선배들과 함께 한국에서 열리는 신입사원 채용회에 가게 되었다. 그것은 나에게 기대감과 부담감을 동시에 안겨주는 일이었다. 2017년, 대학생이었던 나는 면접자로 그 자리에 섰다. 그런데 1년이 지난 후, 똑같은 자리에 면접관으로 참여하게 된 것이다.

호텔에 짐만 둔 채 헤드헌터 업체와 회의를 가졌다. 우리가 공개한 공고 요강의 모집인원은 0~2명이었다. 마음에 드는 사람이 없을 시, 채용을 하지 않겠다는 공고였다. 그럼에도 1차 서류전형에 지원한 사람은 100명. 일본 취업 시장에 대한 관심이 그대로 전해졌다. 서류전형은 헤드헌터 회사의 비대면 면담으로 이루어졌고, 20명 내외의 최종 서류가 우리 손에 넘겨졌다. 다음 날 오전 8시, 드디어 면접이 시작되었다. 하루라는 시간동 안 총 3번의 면접이 이루어지는 힘든 일정이었다. 1차에서는 기본적인 면접이 이루어졌다. 학교에서는 어떤 것을 공부했는지, 일본으로 왜 오고자 하는지, 언제까지 일본에 있을 것인지에 관한 이야기가 오고 갔다.

"그동안 팀원과 의견 차이가 있었던 경험이 있습니까? 그리고 어떻게 극복했나요?"

1차 면접에서 가장 중요하게 생각했던 질문이다. 이 질문에 일본어로 바로 대답할 수 있는 사람이 과연 몇이나 될까? 이 질문을 통해 회사의 일원으로서, 또 엔지니어로서 어떤 방식으로 문제를 풀어나가는지를 판단했다. 합격자들에 한해 2차 기술면접을 이어갔다. 지금까지 대학교에서 혹은 개인적으로 개발했던 내용들을 토대로 기초적인 기술 지식에 대해 이야기했다. 코딩 테스트가 있거나 관심 있는 기술 분야는 무엇인지, 나중에 개발해보고 싶은 것은 무엇인지 등 질문이 오고 갔다. 마지막은 일본에 있는 사장과의 1대 1 스카이프 면접이었다. 스카이프 면접은 마이크 너머로 대화를 해야 하기 때문에 더욱 높은 일본어 능력을 필요로 했다.

꼬리에 꼬리를 무는 날카로운 질문이 오갔고, 결과적으로 합격자는 나오지 않았다. 며칠을 면접만 생각했는데 합격자가 0명이라니 힘이 빠졌다. 비행기를 타고 간 만큼 기대도 높았지만, 그만큼 더 신중해질 수밖에 없었던 것이었다. 그렇게 합격자는 없었다.

━ ● 일본 기업도 스펙을 본다

'일본 기업은 스펙을 보지 않는다는 이야기가 있다.'

정말로 그럴까? 물론 한국 취업 시장에 떠도는 소문처럼 대학교별 등급을 정해 점수를 매기지는 않는다. 하지만 분명한 것은 일본 회사에서도 그들만의 기준으로 평가가 이루어진다는 것이다. 마트에 두 개의 사과가 있다고 하자. 하나는 국내에서 생산된 사과지만 흉작으로 인해 값이 비싼 사과, 어디에서 생산했는지 모르지만 풍년으로 저렴하게 구매할 수 있는 사과. 같은 맛의 사과라고 한다면 당연히 저렴한 사과를 구매할 것이다. 그러나 여기에는 '똑같이 질 좋은 사과'라는 전제가 붙는다. 마찬가지로 일본의 신입 엔지니어가 부족하여 해외 취업 시장에 눈을 돌리는 추세라고 할지라도 그 전제는 '우수한 인재'여야 한다는 것이다.

구직자가 아닌 면접자로 바라본 해외 취업 시장에서의 엔지니어 채용은 생각보다 훨씬 많은 투자비용이 들었다. 비행기 삯, 숙박비 등의 출장

비용과 더불어 한국에서 채용 홍보와 면접회 장소 등을 제공하는 헤드헌팅 회사 비용, 그리고 합격자가 나왔을 경우 비자 발급비 등을 포함한 비용 등 확답되지 않은 상황에 대한 기회비용이 컸다. 즉, 회사는 그만큼 현명하고 신중하게 채용을 하고 싶어 했다. 그만큼 기대치도 높아져 있었고 일본에서 채용하는 신입 엔지니어보다 출중하고 창의적인 인재를 원했다.

일본의 엔지니어 취업 시장도 크게 다르지 않다. 결국은 남들과 비교했을 때, '왜 나여야 하는지' 어필하는 것이 필요하다. 단, 한국에 비해 경쟁률이 낮다는 것만큼은 사실이다. 승률이 높아진다는 의미에서 자신만의 어필 포인트를 정한다면 분명 좋은 결과를 얻을 가능성도 높아진다. 일본 취업 시장에서 중요한 것은 한국 취업 시장과 우선순위만 다를 뿐 전체적인 맥락은 크게 다르지 않다. 한국과 달리 자격증, (일본어를 제외한) 시험 점수, 학벌, 학점으로 크게 좌지우지 되지 않는다. 대신 그동안의 경험과 문제 해결 능력, 팀원들과의 협동능력 등을 높게 본다. 실제로 일본의 중·고등학교 과정에서의 동아리 활동을 굉장히 중요시하고 거기서 배운 것들을 입사 시에도 많이 어필한다. 학업에 열중하는 한국사회에서 자란 나에게는 조금 낯선 문화로 다가왔다. 그러나 일본에서의 스펙은 바로 그것이었다. 학업보다 경험에서 나온 '자신만의 이야기' 말이다.

지원서와 자기소개서를 쓰기에 앞서 지금까지 내가 해왔던 사소한 것들에 대해 적어보자. 엔지니어를 꿈꾼다면 엔지니어를 하고자 마음먹었던 계기, 요즘 관심 있는 기술과 그에 대한 생각도 정리해두자. 그것을 바탕으로 자신에 대한 소개를 간략하게 정리한 일본의 입사지원서, 엔트리 시트를 작성하면 훨씬 쉽게 면접을 준비할 수 있다. 나만의 특별한 경험은 무엇일까. 그 출발은 나에 대한 글쓰기부터 시작된다.

일본에서 엔지니어를
꿈꾸는 이들의 고민 Top3

━━ ● 일본어는 기본 중에 기본

일본으로의 유학생활과 취업을 마음먹고 가장 먼저 시작한 것은 개인 블로그다. 유학을 결심하게 된 계기부터 첫 직장에 입사하여 지금의 직장으로 옮기기까지의 과정을 블로그에 차곡차곡 기록해왔다. 그러다보니 블로그를 찾는 사람들로부터 일본 유학부터 취업까지 다양한 고민을 듣게 된다. 얼굴도 모르는 나에게 한 달에 2~3통씩 도착하는 메일들과 댓글들을 읽으면서 사람들이 얼마나 절실하게 고민하고 있는지 알게 된다. 이 책을 읽고 있는 독자 중에도 비슷한 고민을 품은 분들도 있을 것 같아 정리해보았다.

■ ● 첫 번째는 엔지니어 기술에 대한 고민이다.

한국에서는 신입사원 공개채용에서도 실무능력을 중요시하는 기업이 꽤 많다. 하지만 일본의 신입 채용과정에서 실무능력은 크게 중요하지 않다는 생각이 든다. 물론 기본적인 지식은 면접을 통해 확인하지만 코딩테스트와 같은 실력 확인을 하는 기업은 경험상 30% 전후에 지나지 않는다. 기본적인 프로그래머로서의 지식을 착실하게 이수하였다면 답할 수 있는 질문이 대부분이다. 요즘 관심 있는 기술은 무엇인지, 대학교 때는 무엇을 배웠는지, 졸업 작품으로는 어떤 프로그래밍을 했고 어떤 것을 담당했는지에 대한 이야기이다. 물론 경력직으로 이직을 하는 경우라면 깊이 있는 기술 면접을 본다. 하지만 신입 엔지니어에게는 관심도와 기초지식을 원하는 성향이 강하다.

■ ● 두 번째는 회사 선택에 관한 고민이다.

입사 후 커리어에 대한 고민을 하는 엔지니어들이 적지 않다. 일본에도 일명 SI라고 불리는 수주 및 파견 업체가 있다. 실제로 일본 내의 큰 SI 업체들의 경우, 복리후생도 좋고 다양한 프로젝트를 통해 프로그래밍 능력과 커리어를 자연스럽게 쌓을 수 있는 기회를 제공한다. 그러나 그렇지 않은 곳도 있다. 막연히 일본으로의 도항을 꿈꾸는 지원자들에게 쉽게 합격을 주는 달콤한 파견회사들이 적지 않다. 아주 작은 규모의 파견업체 중 몇 곳은 파견이 정해지지 않는 시기에 기본 급여의 60~80%만 지급하며 시간을 보내게 하는 기업도 부지기수이다. 입사 시에는 이런 부분을 고지하지 않는 경우 또한 많다. 이러한 회사를 선택할 경우, 그렇다할 경력이 쌓이지 않아 다음 회사를 찾는 데에도 어려움을 겪게 된다. 더불어 파견사원의 경우, 테스트 서버가 아닌 실제 서버의 데이터베이스에 접근할 수 있는 권한, 릴리즈 작업 등 작업의 한계도 있을 수 있어 커리어의 한계로 이어지는 경우도 많다. 꼭 긴 시간을 들여 회사에서 맡게 될 업무와 앞으로의 성장 가능성을 깊이 고려해본 후 입사를 결정하는 것이 좋다.

▬ ● 마지막은 일본어이다.

일본에서의 생활을 생각하는 사람들에게는 일본어가 가장 큰 고민거리일 것이다. 사실 위의 모든 것들을 통틀어서 일본어가 일본 취업을 준비하는 데에 가장 기본이며, 가장 중요하다는 생각이 든다. 고민상담을 해오는 준비생들이 내게 흔히 엔지니어에게는 일본어가 크게 중요한 것이 아니라는 이야기를 한다. 하지만 나는 프로젝트 매니저 등 엔지니어로서의 성장을 꿈꾸는 이들에게 일본어는 필수로 준비하라고 강조 또 강조하고 싶다. 요즘은 엔지니어의 '커뮤니케이션 능력'이 매우 중요하다. 나만 하더라도 다른 팀과의 회의에서 요건을 듣고 설계하여 프로젝트를 진행하는데, 나의 의견과 상대방의 의견을 조율할 때 일본어는 필수다. 네이티브 발음으로 완벽한 일본어를 구사해야 한다는 것이 아니다. 자신이 원하는 의견을 엔지니어가 아닌 이들에게 쉽게 전달할 수 있을 만큼의 일본어 실력을 갖추어야 한다는 것이다. 다양한 포지션에서 소통할 수 있는 일본어 능력을 기본으로 엔지니어 실력이 쌓이면 자연스럽게 프로젝트 매니저 등으로의 커리어 성장 기회가 기회가 찾아올 것이다.

엔지니어로서 뛰어난 스펙을 가지고 있어도 자신의 것을 일본어로 표현하지 못하면 전달되지 않는다. 간단히 생각해보자. 한국어로 일상회화만 가능한 외국인 지원자와 내국인 지원자가 있다면 당연히 내국인 지원자를 선호할 것이다. 그만큼 일본에서 내국인과 동등한 출발선에 서기 위한 기본 전제는 일본어라고 생각한다. 업무상 일본어가 중요하지 않다고 생각될 수 있는 엔지니어 포지션이지만 폭 넓은 회사 선택지를 갖고 싶다면 일본어는 꾸준히 노력하여야 한다.

━ • 나의 커리어를 위해 칼같이 판단하라

일본 취업을 준비하다보면 일본행 비자를 내어주겠다며 합격통지를 보내오는 회사가 적지 않다. 특히 엔지니어라면 이러한 경험을 어렵지 않게 만나게 될 것이다. 일부 한국계 파견회사는 일본어가 되지 않아도 괜찮다는 말로 현혹하는 경우도 많다. 그런 유혹의 말 안에는 '다만 파견이 정해지지 않을 시에는 기본 급여의 60~80%만 지급한다.'와 같은 현실적인 이야기는 들어있지 않다. 대부분의 회사는 내국인과 외국인을 동등한 기준으로 채용한다. 국내도 아닌 해외로의 취업인 만큼 현혹되는 말이 많다면 한 번쯤 의심하는 자세를 가지는 것도 필요하다.

물론 규모가 크고 파견이나 수주 실적이 뛰어난 기업의 경우, 좋은 대우와 복리후생을 제공한다. 자사 서비스를 개발하다가 프리랜서로 전환하여 수주개발로 크게 성공하는 사람을 만나는 것도 어렵지 않다. 그와 반대로 파견사업이 제대로 이루어지지 않는 일부 작은 규모의 파견회사에서 일을 시작하게 되면 다음 단계로의 커리어 전환이 쉽지 않은 경우도 많다.

시작이 반이라지만 시작으로 모든 것이 해결되지는 않는다. 엔지니어로서 일본에서 프로젝트 매니저와 스페셜 리스트 등 다양한 미래를 만들 수 있다. 지금은 수없이 많은 길 중 내가 갈 수 있는 길의 가짓수가 정해지는 단계이다. 만약 지금 일본에서 엔지니어로서의 삶을 준비하는 단계라면 조금 더 여유를 가지고 회사와 포지션을 선택할 것을 추천한다. 자연스럽게 장래 커리어의 폭이 점차 넓어져 있을 것이다. 조급한 마음은 내려두고 다양한 회사를 알아보며 일본 국내 취업 준비생들과 견주어도 지지 않도록 준비하자. 그러면 분명 일본의 엔지니어 업계에서도 성공할 수 있을 것이다.

■■ ● 완벽하던 나의 첫 회사를 반년 만에 떠나다

나도 첫 회사에 회의감을 느껴 반년 만에 떠났다. 직업에 대한 가치관이 변했기 때문이다. 2018년 4월 일본으로 건너오기 전의 나는 열정으로 똘똘 뭉쳐있었다. 직업을 선택하는 나의 기준은 적당한 자유와 적당한 급여, 그중에서도 나의 '성장'이 가장 중요했다. 당시의 나는 나의 꿈에 대해 물어보면 티 없이 맑게 '사장이요.'라고 답하였다. 그만큼 만들고 싶은 것도, 해보고 싶은 것도 많았다. 컴퓨터 하나만 있으면 새로운 세상이 뚝딱 만들어지는 IT업계의 무궁무진한 가능성을 믿었다. 그래서 내 아이디어를 들어줄 벤처기업으로의 입사를 지망했다. 실제로 나는 일본 대기업의 입사를 포기하고 성장가능성이 큰 벤처기업으로 입사를 결정하였다. 바로 나의 첫 회사였다.

내가 만들고 싶은 것, 일본에서 하고 싶은 서비스에 대한 대학생의 귀여운 아이디어에 사업부장이 귀 기울여 주었다. 대답은 '재미있겠다. 같이 하자!'였다. 뜨거운 열정밖에 없던 내게 사업부장의 그 한 마디는 반짝였다. 하지만 반년 간의 회사생활을 하면서 내 가치관은 바뀌어갔다. 벤처

기업은 무엇이든 도전할 수 있을 것 같았지만, 그만큼 사업이 실패하였을 때의 리스크가 크기 때문에 도전 자체가 쉽지 않았다. 그리고 알게 되었다. 나는 누군가를 지원할 때 보람을 가장 크게 느낀다는 것을 말이다. 나의 꿈도, 도전과 성장에 대한 나의 인식도 바뀌어갔다. 한 사업을 총괄하는 사장이 되고 싶은 내가 서포터로서의 꿈을 꾸기 시작한 것이다. 사장이 아닌, 그 회사의 아이디어를 현실화시켜 줄 엔지니어를 채용하는 채용 담당자가 되고 싶어진 것이다. 그러기 위해서는 엔지니어들의 다양한 기술력, 업무방식을 알아야 했다. 시야를 넓히고 싶었다. 그래서 보다 안정적이고 큰 사업을 운영하는 회사로 옮기고 싶었다. 그렇게 나의 두 번째 구직활동이 시작되었다. 신입사원으로 입사한 지 반 년만의 일이었다.

첫 회사를 고를 때에는 '도전', '창업'을 기준으로 회사를 골랐다. 그러나 반년 후, 나는 '안정', '큰 규모', '복리후생'을 중요시하며 회사를 골랐다. 나의 목표가 회사를 고르는 기준을 완전히 바꾸어버린 것이다. 아마 첫 회사를 고르던 2016년의 나에게 안정적인 기업은 오히려 답답하고 딱딱하게 느껴져 적응하지 못하였을 것이다. 그러나 이직을 준비하던 나에게는 첫 회사가 반대로 나의 꿈을 펼치기에 한계가 있는 공간으로 느껴지게 된 것이다. 최최고의 기업이란 그때 당시 나의 가치관을 바탕으로 스스로 결정하는 것이다.

오늘도 도쿄로 출근 합니다.

■ ─ ● 나의 니즈로 나만의 화이트리스트를

개인의 입맛에 따라 맛집 리스트가 다르고 사람마다 음악 재생 목록이 다르듯 나의 가치관에 따라 회사를 골라보자. 그 시간을 취업활동 시간이라고 생각한다. 워크 라이프 밸런스, 급여, 팀 분위기, 성장 속도, 업무량, 잔업시간 등 회사를 고르는 데에는 다양한 기준이 있다. 인터넷에는 자극적인 제목으로 무장된 '블랙기업(일본에서 위법적 노동 착취를 일삼는 기업을 지칭하는 신조어)', '화이트기업(통상 블랙기업의 반대 개념으로 사용)' 리스트가 떠돌아다닌다. 나 또한 그 기업이 어떤 기준으로 선정된 지 모른 채 자극적인 제목에 홀려 마음이 휘둘렸다. 그러나 정작 중요한 것은 그 어떤 '리스트'보다 나의 꿈과 목표를 토대로 결정한 나의 '니즈'였다. 아이를 둔 부모에게는 육아에 조금 더 신경 쓸 수 있는 환경인 플렉스 타임 제도가 있는 회사가 중요할 것이고, 기술 향상을 빠르게 이루고 싶은 워커홀릭(Workaholic)에게는 성장환경이 중요할 것이다. 같은 회사일지라도 사람에 따라 '화이트기업이'이 될 수도, 반대로 '블랙기업'이 될 수도 있다는 것이다.

일반적인 구직사이트에서도 대략적인 부문들을 정해 기업의 점수를 매긴다. 지금 내가 다니는 회사는 구직사이트 평점이 5점 만점에 3.1점이지만, 나는 약 2년 동안의 회사 생활에 만족하며 다니고 있다. 야근을 해본 적 없고, 새로운 프레임워크와 언어를 다루며 기술적인 성장도 이루어냈다. 다만, 규모가 커진 만큼 예전 회사에 비해 사원들과의 교류는 줄어들었다. 확실히 장·단점이 존재하지만 나에게는 장점이 더 많이 느껴지는 회사이다. 즉, 다른 사람들이 매긴 점수가 아닌 나의 가치관에 따라 회사를 판단하는 시간을 충분히 가졌으면 한다.

일본에서 취업비자를 받아 살아가는 우리는 자국민보다 시간적 여유가 적을 수밖에 없다. 퇴사를 한 후 3개월 안에 취업을 하지 않으면 재류자격이 박탈될 우려가 있어 조급해질 수 있다. 그러다보니 회사를 고르는 데에 있어 자신만의 기준 없이 블랙기업, 화이트기업 리스트에 쉽게 현혹되기도 한다. 이럴 때일수록 자신의 꿈은 무엇인지, 어떤 업무환경을 원하며 어떤 규모의 회사를 원하는지 본인만의 기업 리스트를 작성해보기를 권한다.

내 방으로 출근하기

━ ● 나의 화이트 리스트

성장과 워크 라이프 밸런스. 회사를 선택할 때 내가 가장 중요시하게 고려했던 기준이었다. 빠르게 변화하고 싶어하고 자유를 추구하지 않으면 금방 질려하고 흥미를 느끼지 못하는 성격 탓에 벤처기업을 선택했던 나는 이상과 다른 현실에 금방 낙담하고 말았다. 자유로운 근무가 가능하다던 리모트 업무제도는 실제로 사용하고 있지도 않았다. 빠른 시간 안에 주어진 업무를 다 마치는 날이면 '너에게 너무 쉬운 일이 주어졌던 것 같아.'라는 이야기를 들어야 했다. 나는 효율적으로 일하고 싶었을 뿐인데 결론적으로 늦게까지 일해야 한다는 식으로 들렸다. 그렇게 현실과 이상의 벽에 몇 번이나 부딪히게 되었다. 매출이라는 숫자로 결과를 보여줄 수 있는 직종과는 다르게 엔지니어는 고민하고 개선하는 일이 대부분이다. 그런 엔지니어인 나의 상·하반기 평가를 업무와 관련도 없는 마케터가 했다. 대체 무엇을 기준으로 나의 업무내용을 평가하는지 납득이 가지 않았다. 서포터로서의 꿈을 키우기 시작하며 후배 엔지니어를 위해 만든 자료도, 외국인 채용을 위해 만든 사내 사이트도 결과로 나타나지 않았다며 평가되지 않았다. 결국 열정으로 목울대가 울렁거리던 24살의 나는 반년 만에 일이 싫어지게 되었다.

나는 성장을 위한 공부가 가능하면서 동시에 회사의 서비스와 업무체계가 안정되어 있는 큰 규모의 회사를 원했다. 다양한 경험을 쌓아 나의 방향성을 정하고 싶었고 동시에 나의 열정이 식지 않을 만큼의 워크 라이프 밸런스를 스스로 맞춰갈 수 있는 환경이 필요했기 때문이다. 그렇게 지금의 회사를 선택했다. 업계 1위의 서비스를 비롯해 5개 이상의 서비스를(기술을, 시스템을) 보유하였으며, 엔지니어에게는 효율적인 근무를 위해 자율형 근무 제도를 빠르게 도입한 회사라는 점이 마음에 들었다. 감사하게도 전 회사에서의 인연으로 회사에서 먼저 스카우트 제안을 해주었다.

■ ■ ● 스스로에게 주어진 근무방식

회사에 따라 차이가 있지만 일본에는 엔지니어에게 리모트 근무를 장려하는 회사가 꽤 많다. 이는 엔지니어를 단순히 기술자가 아닌 개발하는 창작자로 생각해 틀을 강요하지 않는 것이 효율적이라고 보는 인식이 자리 잡았기 때문이라고 생각한다. 실제로 개발자 중에서 리모트 근무로 전환하여 한국으로 귀국한 후 근무를 계속 하거나 리모트 근무를 하며 유럽으로 반 년 정도 유학을 떠난 지인도 있다.

물론 장단점이 존재한다. 자기 컨트롤이 불가능하다면 한없이 늘어질 수 있어 오히려 독이 될 수 있다. 또한 모든 것을 자신이 정하고 책임지기 때문에 더 많은 책임감을 필요로 한다. 자유로운 근무가 가능하다는 것이지 대충 일해도 된다는 것은 아니다. 그만큼 다른 사원들과의 커뮤니케이션이 중요시되고 정확한 보고와 상의를 해야 한다. 나처럼 짧은 시간에 집중해서 많은 일을 하는 사람에게는 최적의 근무 방식이었다. 7시 반에 일어나 헬스장으로 운동을 다녀온 후 10시까지 출근을 하였다. 원하는 생활 패턴 덕에 빠르게 집중하여 업무를 끝낼 수 있었고, 저녁 6시에 퇴근하여 취미생활을 즐겼다. 또한 엔지니어의 업무평가를 엔지니어가 도맡아 하기에 과정과 결과 모두를 제대로 평가받을 수 있었다.

■ ■ ● 내 방으로 출근하기

    올해 전 세계적으로 코로나 사태가 발생했다. 우리 회사는 기존의 자율형 근무와 함께 리모트 근무를 동시에 추진하였다. 그렇게 시간과 장소를 내가 선택할 수 있게 되면서 나의 생활 방식도 크게 바뀌었다. 리모트 근무로 바뀌면서 오히려 일에 집중할 수 없었다. 시간 관리를 잘하던 내가 하나로 통합된 홈오피스(회사+집)에 적응하지 못했다. 출근을 준비하는 시간동안 오늘은 어떤 하루가 펼쳐질 지 상상에 빠지기도 하고, 출근해서 매일 만나는 선후배와 오늘도 파이팅 하자며 한 마디를 건네는 일상. 업무가 끝나면 오늘도 수고했다며 동료들과 위로의 한 마디를 주고받고, 집으로 오는 지하철 안에서 하루를 정리하며 집에 가서 시원한 맥주 한 캔하고 힘들었던 일을 툴툴 털어버려야지 하고 기분전환을 하던 그 일상. 다시금 생각해보면 그 모든 시간이 나의 생활을 지탱해주고 있었던 것이다. 리모트 근무가 되면서 그런 과정이 통째로 사라졌다. 잠에서 깨면 옷만 갈아입고 거실 소파에 앉아 일을 시작한다. 밥 먹던 테이블이 그대로 회사가 된다. 한 달 동안은 답답함을 떨칠 수 없었고, 나의 사생활과 일을 구분 짓는 것이 어려웠다. 아마 나는 시간에 구애받지 않길 원했을 뿐 밖에서 활동하는 시간을 중요시했던 사람이었던 것이다.

    그러다가 해결책을 찾았다. 무조건 매일 1시간씩 조깅하는 시간을 갖기로 한 것이다. 그 시간동안 하늘을 마음껏 보고 긍정적인 생각을 하기로 한 것이다. 반년 뒤, 회사는 100% 리모트 베이스 근무체계로 바뀌었다. 회사 내부 또한 리모델링을 하여 자유롭게 좌석을 선택하여 앉는 프리어드레스(Free address) 방식으로 바뀌었다. 집을 기본으로 근무하되 원하는 날에는 회사로 출근하여 원하는 자리에서 일을 할 수 있도록 바뀐 것이다. 장기화된 코로나로 인해 삶이 방식이 많이 바뀌는 와중에 우리 회사는 빠르게 재택근무를 도입하고 또 빠르게 그에 적응했다. 열린 근무 환경을 제공한다는 점이 나처럼 생활의 방식에 지루함을 느끼기 쉬운 사람에게는 잘 맞았던 셈이다.

물론 재택근무가 장기화되면서 새로운 고민거리도 생겼다. 비대면 회의가 많아지면서 얼굴을 보면서 의견을 전달했던 것과 다르게 일본어로 정확하게 나의 생각을 전달해야 하는 일이 늘었다. 그만큼 언어능력이 중요해졌다. 일본은 다양한 근무 방식이 존재하기 때문에 엔지니어로 일본 취업을 꿈꾼다면 선택지의 폭이 훨씬 넓다. 만약 재택근무가 가능한 일본 기업의 취업을 희망한다면 시간관리 능력과 의사소통 능력을 충분히 갈고 닦을 것을 추천한다.

통계와 정보
일본에서 급증하고 있는 리모트 워크
(Remote Work)

코로나 사태가 발생하기 전에도 일본에서는 엔지니어에게 재택근무, 즉 리모트 워크(Remote Work) 등 다양한 근무 형태를 제공하였다. 이 밖에도 플렉스타임(flex-time) 제도, 자립형근무 제도 등 일본에는 다양한 근무방식이 존재하고, 나 또한 이런 제도가 실제로 활용된다는 점에 큰 매력을 느꼈다. 일본에 상용화 되어 있는 근무 제도에는 어떤 것들이 있는지 알아보자.

1. 코로나 발생 전과 후의 리모트 워크 동향

코로나가 장기화되면서 전 세계적으로 리모트 워크의 비중이 늘어났다. 일본의 경우 직종마다 차이는 있지만 엔지니어에게는 비교적 리모트 워크를 장려했다. 코로나가 발생하기 전, 일본의 리모트워크는 어떻게 발전

오늘도 도쿄로 출근 합니다.

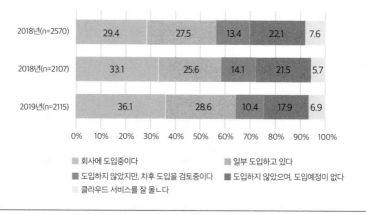

클라우드 서비스 이용현황

	회사에 도입중이다	일부 도입하고 있다	도입하지 않았지만, 차후 도입을 검토중이다	도입하지 않았으며, 도입예정이 없다	클라우드 서비스를 잘 몰ㄴ다
2018년(n=2570)	29.4	27.5	13.4	22.1	7.6
2018년(n=2107)	33.1	25.6	14.1	21.5	5.7
2019년(n=2115)	36.1	28.6	10.4	17.9	6.9

해왔는지 알아보았다.

　2019년 9월 말 통계조사에 따르면, 일본 내 스마트폰 보유 인구가 80%를 넘어서며 SNS 활용 비율도 크게 늘어났다. 그에 따라 기업의 클라우드 컴퓨팅 서비스(Cloud Computing Service) 도입 비율도 처음으로 60%를 넘어섰다. 클라우드 컴퓨팅 서비스의 장점으로는 자산·보수 체제 아웃소싱화 등이 있으며 '효과가 있었다' 또는 '어느 정도 효과가 있었다'고 답한 기업은 도입한 전체 기업의 85.5%에 달했다. 따라서 근무의 IoT(Internet of Things, 사물인터넷)화는 점차 증가할 것으로 예상된다.

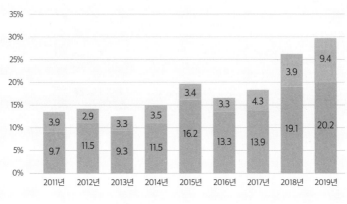

텔레워크 도입현황

방식의 변화에 따라 재택근무를 '도입하고 있다' 또는 '구체적인 도입 계획이 있다'고 응답한 기업은 약 30%이며, 코로나 사태가 일어나기 전의 통계에서도 증가곡선을 보였다. 약 8년 전 '재택근무를 도입하고 있다'고 답한 기업이 10%에 지나지 않았던 것에 비하여 도입율이 2배 이상 증가한 것이다. 또한 2018년에는 도입을 하고 있거나 도입할 계획이 있다고 대답한 기업이 약 26%였던 것에 반하여 2019년 9월 말 조사결과에는 약 30%를 웃돌아 1년 사이 5% 이상의 기업에서 재택근무를 도입하여 근무 방식의 변화를 시도하고 있는 것을 확인할 수 있다.

2019년 9월 말을 기준으로 20.2%의 회사가 실제로 재택근무를 도입하고 있었으며, 산업별로는 정보통신업과 금융보험업 직종에서의 도입이

오늘도 도쿄로 출근 합니다.

직종별 텔레워크 도입현황

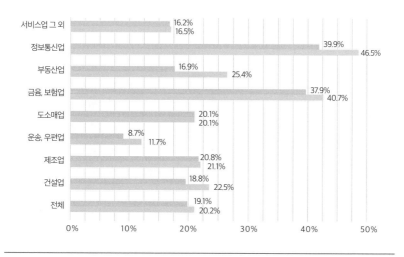

산업분야 별로 통계결과, 정보통신분야와 금융 및 보험분야의 도입현황이 높게 집계되었다.

큰 폭으로 많았다. 증가율 역시 다른 직종에 비해 컸다는 것을 알 수 있다. 특히 정보통신업의 경우, 2018년에 이미 약 40%의 도입율을 보였음에도 2019년 9월말의 통계결과에는 약 50%의 기업이 재택근무를 도입하고 있었다.

재택근무를 도입하는 목적으로는 '근무의 효율성과 생산성을 향상시키기 위하여', '근무자의 워크 라이프 밸런스(work-life balance) 향상을 위하여', '근무자의 이동시간을 단축시키기 위하여'라는 이유가 높은 비율로 조사되었다. 즉, 근무의 효율성과 동시에 근무자의 삶의 질을 향상시키기 위한 기업의 노력 중 하나로 재택근무를 도입한 것이라고 볼 수 있다.

텔레워크 도입목적

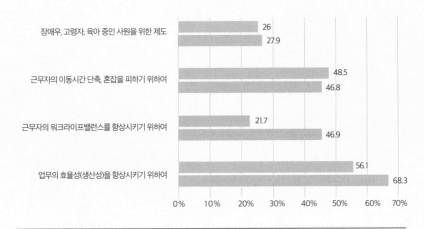

2. 자유로운 근무 방식 3가지

일본에서 내가 경험한 근무형태 중 자율성과 효율성을 추구한 근무 방식 3가지에 대하여 소개해보고자 한다.

첫 번째는 리모트 워크(Remote Work). 즉, 재택근무이다. 재택근무는 말 그대로 원하는 장소에서 근무를 하는 방식으로 근무 시간이 정해져 있는 경우가 많다. 재택근무는 비교적 많이 상용화되어있는 제도이기 때문에 자세한 설명은 생략하도록 하겠다.

두 번째는 플렉스타임(flex-time)제도. 이는 시간선택제 근무라고도 불린다. 시간을 자유롭게 활용하고 싶은 직장인에게 추천한다. 기업에 따라 플렉스타임 제도를 도입하고 있어도 꼭 근무해야 하는 지정된 코어타임

오늘도 도쿄로 출근 합니다.

이 긴 경우가 있으니 실제로 잘 찾아보는 것이 좋다. 일본 취업사이트 〈리쿠나비〉의 경우, 회사를 검색할 때 플렉스타임 제도를 조건으로 선택하여 검색할 수도 있다. 2021년 신입사원을 모집하는 기업 중 플렉스타임 제도를 도입하고 있는 회사는 1,918사가 있었다. 우리에게 알려진 기업으로는 SONY, 토요타, 미츠비시상사, 혼다, 아마존, 캐논 등 대부분의 대기업이 이 근무방식을 도입하고 있었다.

　마지막으로는 자립형근무 제도이다. 현재 내가 다니고 있는 회사에서 도입하고 있는 제도로 필수 근무시간이 없는 플렉스타임 제도라고 볼 수 있다. 이 근무 방식의 큰 특징으로는 최소한의 노동시간이 정해져 있지 않고, 짧은 시간의 근무도 허용하는 것이다. 기업 내에서도 엔지니어나 디자이너에게만 허용되는 등 한정적으로 도입한 회사가 많다.

　자유롭다고 모두 좋은 것은 아니다. 그만큼 책임감이 따르는 근무방식으로 일의 양과 소요시간을 옳게 분배하는 능력이 필수적이고 그만큼 커뮤니케이션 능력이 중요시된다. 이 외에도 일본에는 다양한 근무 방식이 존재하므로 자신만의 화이트리스트를 만들 때, 자신에게 맞는 근무형태를 참고해 정하는 것이 좋다.

서른에 시작한
일본 직장생활

강현규
(30대 / 남자 / 파견 기구 설계자)

고등학교 때는 게임 캐릭터 일러스트 작가를 꿈꾸었다. 20대 초반에는 네트워크 기사를 배우다가 20대 중후반 경제학을 전공했다. 30대에 접어든 현재, 일본에서 기구 설계자로 살아가고 있다. 연결되는 것이 없어 보이는 인생 경로지만 현재 기구 설계자라는 일에 만족하며 살아가는 중이다. 20대까지는 바람이 부는 대로, 물이 흐르는 대로 살았지만, 30대부터는 바람과 물을 이용하여 원하는 목적지를 향해 나아가려 노력하는 중… 이려나?

Time Line
2011 일본 유학 시작
2013 일본대학 경제학과 입학
2017 설계직 파견 업체 취직
　　　현재 의료용 보관기기 제조업체 파견 근무 중

Contact
email: hyunkyu.kang86@gmail.com

설계직 파견사원으로
근무 중입니다만

초반 적응의 어려움

100명이 살짝 넘는 사무실 안, 사람들은 자기 일에 몰두하며 바삐 움직이는데 난 오늘도 기계처럼 도면 수정 일을 하고 있다. 사무실의 분위기는 활기 넘치는 것과는 거리가 있지만, 자기 일에 집중하며 차분한 것이 난 더 마음에 들었다. 하지만 업무내용에 있어서는 불만이 많았다. 3D 캐드 프로그램(카티아)을 이용해서 모델링*을 하는 것에 흥미를 느껴서 시작한 일이었는데, 6개월이 넘도록 제대로 다뤄본 적이 없다. '역시 파견직은 이런 단순 업무만 하는 것인가.'하는 생각도 많이 들고, 파견처*를 바꿔달라고 회사에 말해볼까 진지하게 고민도 했다. 파견처와의 면담에서 당분

* 3D캐드 프로그램을 이용해서 부품을 형상화 하는 것
* 파견을 나가는 회사

간은 내가 원하던 일을 할 수 없을 것이라는 말을 듣기는 했지만, 하루하루 떨어지는 의욕은 어쩔 수가 없었다. 좀 더 설계를 전문으로 하는 일은 없냐고 물어봤지만 돌아온 대답은 '아직 맡길만한 일이 없다'는 것이었다. 지금 와서 생각해보면 관련 전공도 아니고 경험도 없는 파견 사원에게 제품 설계 업무를 주는 것은 어려웠을 것이라고 판단된다. 그렇게 반복적인 도면 수정 작업만 하던 중 드디어 원하던 설계 업무를 맡게 되었다.

내가 맡은 일은 해외공장에서 개발 중인 제품의 힌지* 커버를 모델링하는 것이었다. 기한도 넉넉하니 그냥 연습 겸 경험 삼아 해보라고 하셨지만 처음으로 맡는 설계직다운 일에 조금 들떠 있었다. 한동안 카티아를 만져보지 않아 감을 잡기까지 시간은 걸렸지만 금방 익숙해졌다. 업무가 어려워 보이지 않았고 잘 할 자신도 있었던 만큼 수월할 것이라고 생각했지만 그것은 너무나도 큰 착각이었다. 연수 때 배운 기술들을 적용해 어려운 툴을 써가며 대략적인 모델을 완성해 과장님에게 확인을 받았다. 혹시 칭찬을 받지 않을까 하는 기대와 함께 설명을 마쳤는데 과장님의 질문들이 쏟아졌다.

"이 부분은 왜 이렇게 했어?", "제작은 가능할까?", "제품에 제대로 고정이 될까?", "고정나사가 하나면 불안할 것 같은데?", "클립 부분이 너무

---

* 냉장고 본체와 문을 이어주는 경첩

오늘도 도쿄로 출근 합니다.

얇은데 부러지지 않을까?", "클립 개수는 이걸로 충분해?", "재료는 왜 이걸 선택했어?"

기억할 수도 없을 만큼 많은 질문을 받았지만 원하는 대답을 할 수 없었다. 설계직다운 일만 원했을 뿐 제대로 된 대답 하나 못하는 나 자신을 발견할 수 있었다.

━━ ● 완전한 착각

설계직이 모델링을 할 줄 알고 치수 계산만 잘해서 넣으면 되는 줄 알았던 내 생각은 완전한 착각이었다. 설계한 부품의 모든 곳에는 그에 맞는 근거와 확인이 필요했다. 그런 관점에서 보자면 내 모델링은 그저 보기에 좋은 그림에 지나지 않았다. 과장님의 조언을 받아들여 처음부터 다시 시작했다. 다른 기종들의 힌지 커버 도면을 살펴보고 제작이 가능한 모델링인지 확인도 받았다. 설계 체크 리스트를 살펴가며 여러 실험도 거치면서 처음부터 근거와 확인이 된 모델링을 만들기 시작했다. 그리고 과장님의 질문에 완벽하지는 않았지만 노력을 바탕으로 그 전보다는 훨씬 설계직다운 대답을 할 수 있었다.

과장님의 최종 승인이 떨어졌고 시작*업체에 도면과 함께 부차적인 설

---

* 테스트 부품을 만드는 것

나의 첫 시작(試作)품

명을 넣어 발주를 마쳤다. 남은 것은 납품을 기다리는 것 뿐이었다. 며칠 후 연락이 왔고 시작 업체에서 온 납품을 받기 위해 발걸음을 옮겼다. 지금까지 다른 직원들의 납품을 받은 적은 많았지만 내가 제작한 부품의 납품을 받는 것은 처음이었기에 싱숭생숭한 기분이었다. 그렇게 부품을 건네받고 뜯어보았을 때 묘한 기분이 들었다. 지금까지 해온 내 노력의 결과를 손으로 느낄 수 있었고, 그 기분이 바로 보람이라는 것을 알 수 있었다. 머릿속으로 그리던 것을 실제로 만들어 느낄 수 있다는 그 사실. 그것이 바로 설계직의 매력이라는 것을 다시 한 번 느끼게 되는 순간이었다.

오늘도 도쿄로 출근 합니다.

파견직에 대하여

지금 회사에 들어오기 전까지 파견업체라는 개념에 대해 잘 몰랐다. 단순히 정직원으로 채용된다는 것, 3D 모델링의 일을 할 수 있다는 것이 충족되었기에 선택했을 뿐이었다. 하지만 내정을 받고 입사식을 치르기 전, 불안함 마음이 들었다. '파견 직원은 단순 업무만 시킨다.', '경력에 도움이 되지 않는다.', '대우가 좋지 않다.' 등등 안 좋은 이야기가 많이 들렸기 때문이다. 도면 수정 같은 단순 업무만 했던 파견 초반에는 불안함 마음이 진짜 현실이 된 것 같아 불만이 많았던 것 같다.

결론부터 말하자면, 난 지금 하고 있는 일에 만족하고 있다. 나의 성장과 경력에 도움이 되는 일들을 하고 있기 때문이다. 예를 하나 들자면, 일하던 중 판매 중인 제품에서 결로* 문제가 발생했다. 과장님은 나에게 여름처럼 기온과 습도가 높아지는 계절에 발생하는 결로 문제를 해결하라는 임무를 줬다. 우선 원인이 무엇인지 찾아야 하기에 제품의 구조, 부품의 재질, 문제가 발생하는 환경, 그에 대한 실험 보고서까지 확인을 했다. 그 후에는 어떤 식으로 문제를 해결할지 아이디어를 고민해야 하는데 한정된 조건 안에서 실현 가능한 아이디어를 내야한다는 것이 어려웠다. 쉽

* 대기가 함유하고 있던 수분이 물체 표면에서 물방울로 맺히는 현상

게 말하면 이미 생산에 사용되고 있는 금형(제작 틀)을 바꾸는 것은 현실적으로 어려우니 최대한 많은 변경 없이 문제를 해결해야 한다는 것이다. 그러기 위해서는 최선의 방법을 찾을 때까지 끊임없이 고민하고 또 고민해야 한다. 결국 간단한 부품 추가로 외부로부터의 습기를 차단할 수 있었다.

결과적으로는 엄지 한 마디만한 부품을 추가하는 것이었지만 그렇게 해결하기까지의 과정은 순탄치 않았다. 하지만 그 과정들에서 겪었던 좌충우돌 경험들이 나의 실력이 되고 커리어 향상으로 이어지는 것은 틀림없다. 그래서 나는 지금 업무에 만족하며 일을 하고 있다. 자신이 하고자 한다면 또 하려는 의지와 자세를 보여준다면 기회는 반드시 찾아올 것이라 생각한다. 그럼에도 바뀌지 않는다면? 미련 없이 파견처를 바꾸길 추천한다. 왜냐하면 설계직은 기술력만 있으면 어디든 갈 수 있는 직업이기 때문이다. 그러니 자신의 성장에 도움이 되는 곳에서 일하는 것이 중요하다고 생각한다.

도쿄 외곽 지역의 매력

"군마가 어디지?"

땡볕이 내리쬐는 7월, 나는 군마*에 왔다. 군마는 도쿄에서 2시간 가량 떨어진 곳에 위치하고 있으며 한국의 대구처럼 분지 지형이라 한여름에는 무덥기로 유명했다. 그런 이야기를 증명하듯 버스 정류장에서 집까지 걸어오는 그 십여 분 사이 몸은 샤워를 한 듯 땀에 흠뻑 젖어있었다. 무사히 도착했음을 알리기 위해 가족과 통화를 하였는데 "어디 길래 소리가 이렇게 울려?"라는 물음이 돌아왔다. 그랬다, 집에는 아무것도 없었다. 심지어 전등조차 없어서 다시 땀을 뻘뻘 흘리며 가장 가까운 니토리*까지

---

* 일본 관동 지방 북서부에 있는 현
* 일본의 가구 판매처

걸어가 사 온 기억이 난다. 도쿄보다 저렴한 가격에 넓은 집을 구한 것은 마음에 들었지만 텅 빈 공간만큼 내 마음도 허했다. 그렇게 물질적으로도 심리적으로도 공허한 나의 군마 생활이 시작됐다.

나고야* 연수 시절, 파견처에서의 면접 합격 연락을 받고 이사 준비를 하는데 시간이 너무 촉박했다. 파견처에서는 일주일 후 바로 출근하기를 원하였기에 서둘러 머물 집을 인터넷을 통해 찾아봤다. 내가 생각한 조건은 회사와 버스정류장에서 가깝고, 위층에 사는 사람이 없는 것이었다. 예전부터 이동거리가 짧을수록 좋다는 생각을 가지고 있었고, 1층에서 생활했던 나고야 연수 시절, 층간소음으로 고생했던 기억이 있기 때문이었다. 결국 작은 방 2개와 거실이 있는 혼자 살기에는 조금 넓은 집으로 골랐다. 도쿄라면 최소 월 10만엔 이상은 할 곳이지만 이곳은 군마에서도 살짝 외진 곳이었기에 5만 3500엔 정도의 비용이면 충분했다. 게다가 회사에서 주택보조로 4만엔 가량을 지원해주고 있기에 현재 1만 3500엔 만을 내며 살고 있다. 나처럼 집에서 생활하는 것을 좋아하고 쉬는 공간이 중요한 사람이라면 도시 외곽의 삶이 생활만족도 면에서 클 것이라 생각한다.

* 일본 주부 지방에 있는 아이치 현의 도시

━━ ● 자가용이 필요해졌다.

회사까지는 걸어서 30분, 자전거로는 10여분 정도면 가능했다. 처음 한 달 가량은 걸어서 출퇴근을 했는데 땡볕에 걸어다니자니 체력적으로 부담이 되었다. 그래서 자전거를 구입하기로 결정했다. 확실히 자전거가 있으니 쓸데없는 체력 소모가 적어졌고 마트에 들러 장을 볼 수도 있어서 삶의 질이 한층 올라간 것을 느낄 수 있었다. 하지만 비 오는 날의 자전거 출퇴근은 힘들었다. 어릴 때부터 자전거를 타오던 일본 사람들은 비 오는 날에도 문제가 없었지만, 일본에 와서 자전거를 배운 나로서는 비 오는 날의 자전거 이용은 위험했기에 어쩔 수 없이 걸어서 출퇴근을 할 수밖에 없었다.

그러던 비 오는 어느 날, 늦잠을 잔 나는 어쩔 수 없이 자전거로 출근길에 나섰다. 지각을 할지도 모른다는 생각에 마음은 급해졌고 서툰 자전거 주행 실력으로 결국 사고가 났다. 다친 곳은 없었지만 자전거 생활에 한계가 보였고 자연스레 자동차 구입에 관심을 가지게 되었다. 도쿄와 가나가와*, 나고야에서 생활할 때는 자동차의 필요성에 대해 전혀 공감하지 못했다. 대중교통을 이용한 생활이 가능했고 필요할 때에는 렌터카나 카

---

* 일본 관동 지방 남서부에 위치하며 도쿄도 남쪽에 인접하는 현

쉐어를 이용했기 때문이다. 하지만 군마에서 생활하면서 자동차 없는 생활이 불편해졌다. 그래서 진심 반 호기심 반으로 자동차 구입에 대해 알아보기 시작했다. 그 전에 조건부터 정했다. 빚지는 것을 싫어하는 성격이라 빠른 대출상환이 가능한 금액이어야 했기에 액수는 30만엔(한화로 약 300만원) 정도로 잡았다. 그렇게 검색을 하던 중 뜻밖에 RX-8라는 차량을 발견하였다. 사실 군마는 내가 좋아했던 인기 레이스 애니메이션인 〈이니셜 디〉의 배경지역이었고, 그 작품에 나오는 차종을 군마에서 실제로 몰아보는 것이 내 인생의 버킷리스트였다. 하지만 스포츠카는 비싸고 오토 면허로는 운전할 수 없기에 일찌감치 꿈을 포기하고 있었다. 그런데 그 차를 발견하는 순간, 나의 꿈이 이뤄지는 듯 했다. 그렇게 내 인생 첫 자동차가 생겼다.

나의 첫 자동차(RX-8)

오늘도 도쿄로 출근 합니다.

이제 막 사회생활을 시작한 직장인에게 매달 날아오는 2만엔이라는 자동차 대출 상환액은 부담되었다. 그럼에도 자동차 구입을 후회하지는 않았다. 왜냐하면 삶의 질이 크게 향상되었음을 느꼈기 때문이었다. 가장 큰 장점은 언제든지 원하는 곳을 편하게 갈 수 있다는 점이다. 자연을 느끼고 싶으면 산속 캠핑장으로, 불꽃놀이를 즐기고 싶으면 동네 곳곳으로 떠날 수 있었다. 자동차가 없었을 때는 상상조차 힘든 일이었다. 이제 더 이상 정확하지도 않은 대중교통 배차 시간에 맞출 필요가 없어졌다. 또 자동차로 인해 생활권도 크게 넓어졌다. 집 주변에 편의점과 마트 등이 있었지만 쇼핑몰과 같은 커다란 편의시설이 많지 않았고 자전거로 가기에도 부담이 있었다. 하지만 이제 자동차로 쉽게 갈 수 있다. 또 주차장이 넓고 무료라는 점 역시 장점으로 작용했다. 군마에서의 불만이 자동차 구입과 함께 말끔히 사라졌고, 오히려 도시에서의 생활보다 더 높은 만족도를 느끼고 있다.

도쿄 근교 생활의 매력

나처럼 여유시간을 대부분 집에서 보내는 사람의 경우, 군마와 같은 외곽 생활이 맞는다고 생각한다. 넓은 주거 공간에 머물면서 생활권을 넓혀주는 자동차를 소유할 수 있고, 자연과 가까운 생활을 할 수 있기 때문이다. 하지만 반대로 사람을 많이 만나고 활동적인 성격을 가진 사람이라면 힘들 수 있을 것이다. 군마에 살고 있는 활동적인 성격의 한국 지인은 첫 몇 달 동안은 매주 도쿄에 갔다고 했다. 한국인 커뮤니티나 한국 음식점 등이 도쿄에 훨씬 많았기 때문이다.

　나 같은 경우에는 한 달에 한 번 정도 도쿄로 넘어간다. 한 번 이동할 때마다 1만엔에 가까운 지출이 있지만, 이동이 편하고 고속도로 드라이브 또한 나의 또 다른 즐길 거리였기에 크게 부담되지 않는다. 또 대학시절부터 다져진 요리 실력으로 집에서 음식을 하는데 전혀 무리가 없다. 최근에는 발품을 팔아 가까운 곳에 괜찮은 한국 음식점도 발견하였다. 혹시 도쿄가 아닌 일본 외곽지역으로 온다면, 그 곳만의 매력을 찾아 느껴보길 바란다. 단, 자동차는 필수다.

30살 신입사원

━ ● 내가 할 수 있었던 최선의 선택

나는 2011년 5월경 일본으로 건너왔다. 3월 11일 일본 대지진이 일어났던 바로 그 해이다. 일본에 가는 사람이 없는 것은 물론이고 그곳에서 생활을 하던 사람들도 빠져나오던 그때, 나는 일본을 가려고 했다. 무엇이 나를 일본으로 가게 만들었을까. 당시 난 대학 진학에 실패한 후, 어영부영 아르바이트를 하며 시간을 보내고 있었다. 어느덧 정신을 차려보니 군 복무를 마친 25살이었다. 한국에서 대학입시를 다시 준비할 자신이 없었고, 그렇게 눈을 돌리게 된 것이 일본 유학길이었다.

2008년에 일어난 리먼 쇼크는 현대 자본주의 체제에 대한 회의를 일깨

워 주는 큰 사건이었다, 이는 나에게 사회 경제학에 대한 흥미를 갖게 했다. 그래서 내게 필요한 것, 내가 흥미를 가지고 있는 것을 배울 수 있는 일본 유학을 선택하게 되었다. 혹자는 말할 수도 있을 것이다. 현실에서 도망치기 위한 도피유학 아니냐고. 그 말을 전부 부정할 생각은 없지만, 이것이 내가 할 수 있는 최선의 선택이었다는 것만은 확실하다.

━ ● 칠흑 같은 미래

새벽 한 시. 아르바이트를 하던 라멘집의 하루 영업이 끝나고 마감을 시작하는 시간이다. 가게 문을 내리고 설거지를 시작한다. 마감에서 가장 힘들었던 것이 하루 종일 끓이던 육수 통을 닦는 일이었다. 하루 종일 끓이던 육수를 비워낸 후 닦고 있으면 꾸릿꾸릿한 냄새가 코 속을 헤집고 들어온다. 돈코츠(돼지 뼈를 이용한 육수)를 좋아하는 나지만 이때만큼은 최대한 숨을 참아가며 벅벅 씻어냈다. 딱딱하게 말라붙어 있는 기름은 미끄러워 잘 떼어지지도 않았다. 그럼에도 이것만 끝내면 일과가 마무리된다는 생각에 남은 힘을 쥐어짜가며 몇 번이고 닦아냈다. 설거지를 마치면 마지막으로 음식물 쓰레기를 버렸다. 아르바이트 가게는 역 앞에 위치해 있었는데 쓰레기를 버리러 가는 길목에는 항상 젊은 학생들의 웃고 떠드는 소리가 가득했다. 물기를 잔뜩 머금은 쓰레기봉투가 무거워 힘들기도 했지만, 반나절을 불 앞에 서 있느라 땀에 찌들어 있는 내 모습과 밝게 웃으며

오늘도 도쿄로 출근 합니다.

젊음을 즐기는 그들과의 괴리감에 마음이 더 힘들었던 순간이었다. 그렇게 낑낑 거리며 쓰레기를 버린 후 잠시 하늘을 올려다보았는데, 칠흑 같이 어두운 하늘에 주상 복합 빌딩의 불빛이 눈에 들어왔다. 그와 동시에 '나도 저들처럼 살 수 있을까? 졸업을 할 때는 서른일 텐데.' 하는 미래에 대한 불안한 마음이 엄습해 왔다.

대학 생활 막바지, 여느 학생들과 마찬가지로 취업활동을 시작했고 다른 사람들보다는 조금 늦은 8월 말쯤 내정을 받았다. 내정을 받은 곳은 기업을 대상으로 복리 후생 패키지를 판매하는 회사였다. 기대에 부합하는 결과라고 생각했지만 마음 한구석에는 찜찜한 무엇인가가 남아 있었다. 바로 나에 대한 질문이었다. '정말 내가 원하는 일인가?', '이 일을 내 인생의 업으로 삼을 수 있을까?' 취업활동 초기에 마쳤어야 할 자기 탐구에 해당하는 질문들이 내정을 받고 나니 머릿속을 떠돌아다녔다. 지금의 결정이 향후 내 인생의 몇 십 년을 좌우한다는 생각에 다시 한 번 진지하게 자기 탐구시간을 가졌다. 그리고 네트워크 엔지니어를 목표로 다시 취업 활동을 해야겠다는 결론에 다다랐다. 앞으로 클라우드 서비스는 확장이 될 것이고 네트워크 엔지니어에 대한 수요는 확장될 것이라는 판단이 섰다. 또 네트워크를 공부하던 시절, 새벽까지 문제를 풀고 결국에는 해결했을 때 느꼈던 기쁨을 잊을 수 없었다. 내가 진정으로 원하던 길은 바로 이것이라는 생각이 들었다. 그렇게 다시 취업활동을 이어나갔다. 찜통더위 속에서 느꼈던 면접용 정장의 갑갑함이 서늘한 바람을 통해 쌀쌀하게 느껴질 만큼의 시간이 흘렀다. 연속된 탈락으로 정신적으로도 많이 약해져 있는 그때 하루하루가 괴로웠지만 포기할 수 없었다. 그렇게 또다시 면접 장소로 향했다.

인사 면접이 끝나고 적성 테스트를 치르기 전, 면접관 측에서 내가 보려고 했던 네트워크 쪽이 아닌 캐드 프로그램 업무를 제안했다. 네트워크 쪽 할당인원이 이미 채워졌다는 것이 이유였다. 당황했지만 예전부터 3D 모델링에 흥미를 느꼈기에 우선은 적성 테스트를 보겠다고 했다. 시험시간은 1시간 20분 정도. 초반에는 쉽게 문제들을 풀어나갔지만 갈수록 애매한 문제들이 나왔다. 그래도 고등학교 시절, 그림을 배운 경험이 있어서 일까 차분히 문제를 풀어 나갈 수 있었다. 테스트는 어땠냐는 면접관의 물음을 시작으로 내 적성에 맞는 것 같다는 조언까지 듣고 면접을 마쳤다. 좋은 예감은 적중했다. 적성 테스트 합격을 시작으로 최종면접까지 통과했다. 그렇게 내 취업활동도 정말 끝이 났다. 만약, 회사가 제안한 적성 테스트를 거절했더라면 어땠을까? 소중한 기회를 나 스스로 놓쳐버리는 것은 아니었을까? 기회는 어느 순간 어떻게 찾아올지 모른다.

오늘도 도쿄로 출근 합니다.

━━ • 속도가 아닌 방향

지금 일에 만족을 하고 있냐고 묻는다면 '그렇다'고 대답할 수 있다. 물론 모든 일에는 업무에 따른 스트레스가 있다. 영업직은 사람을 통해 받는 스트레스가, 설계일은 제품의 문제 해결 과정에서 얻는 스트레스가 있다. 하지만 일에서 생기는 스트레스가 고통이 아닌 즐거움과 보람도 주기 때문에 난 이 일이 맞는다고 생각한다.

지금까지의 내 삶을 돌이켜보면, 다양한 것들을 접하고 배웠던 것 같다. 고등학교 때는 그림, 20대 초반에는 네트워크 관리사, 그 후로는 경제학, 현재는 설계직에 몸을 담고 있다. 누군가의 시선으로는 한 우물도 제대로 파지 못하는 흔들리는 인생처럼 보일지 모른다. 하지만 난 지난 모든 경험들이 지금의 내가 되기 위한 과정이었다고 생각한다. 그리고 모든 배움이 지금 내가 하고 있는 일에 작게나마 도움이 되고 있다. 한 사람의 인생을 바다에 떠있는 배라고 생각해보자. 거친 파도와 강풍에 맞서 싸우는 것도 중요하다. 반대로 물결의 흐름에 몸을 맡긴 채 사는 것도 의미가 있다고 본다. 조금 느릴 수 있다. 하지만 그 시간을 통해 자신에게 맞는 길을 스스로 찾을 수 있다. 결국에는 원하는 도착점에 다다른 나처럼 말이다.

통계와 정보
도쿄의 자동차 생활

일본에서 자동차를 가질 때 고려해야 할 것에는 어떤 것들이 있을까? 나의 경험을 바탕으로 자동차와 관련한 정보를 공유하려 한다. 우선 일본에서 자동차를 소유할 때 드는 비용은 크게 네 가지 항목으로 나눌 수 있다. 자동차세, 자동차 점검 비용, 보험료, 연료비에 대해 자세히 알아보자.

자동차세

매년 5월, 자동차를 소유하거나 사용하고 있는 사람이 내는 세금이다. 차종이나 용도, 배기량, 연식에 따라 금액이 다르다. (예: 2000cc 이하의 경우 3만 9500엔) 또 에코카(전기자동차 또는 하이브리드)의 경우 이 보다 더 저렴하다.

오늘도 도쿄로 출근 합니다.

자동차 점검 비용

보통 일본에서는 차검(車檢)이라 부른다. 신차의 경우 3년, 그 후 2년 마다 필수적으로 점검을 받아야 한다. 자동차를 구입한 브랜드의 딜러 매장이나 일반 사설 매장에서 받을 수 있다. 유저 차검이라 해서 본인이 직접 검사장에 가서 받는 방법도 있다. 보통 딜러 매장보다는 사설 매장의 가격이 저렴하다. 배터리나 와이퍼 같은 것들을 직접 교환하면 비용을 더 아낄 수 있다. 나의 경우, 2000cc 이하 규격의 차량을 소유 중인데 평균적으로 자동차 점검비용(6만엔)에 부품 교환 비용까지 포함해 10만엔 정도 지출된다. 차량의 상태에 따라 점검비용은 천차만별이므로 참고용으로 알아두시길.

차검 종류별 예상 비용

차검 방법	금액
자동차 공식 판매처	법정비용 + 4~10만엔 정도
차검 전용 프랜차이즈	법정비용 + 2.5~8만엔 정도
자동차 용품 전문 판매점	법정비용 + 2.5~8만엔 정도
주유소	법정비용 + 1~3만엔 정도
유저(본인)	법정비용
차검 대행	법정비용 + 1~3만엔 정도

자동차 보험

자동차를 이용하면서 발생하는 손해를 보상해주는 보험이다. 보험료가 결정되는 기준은 운전면허증의 색깔(초록:초보, 파랑:일반, 골드:5년 무사고/위반 없음), 연령, 보상 적용 범위, 1년 주행거리 등 다양하다. 나의 경우, 운전면허증은 골드, 30대 남자, 피해자 보상 무제한, 1년 1만 킬로미터 이하 등의 조건으로 월 3,200엔 가량 내고 있다. 요즘은 저가형 보험회사도 많이 나와 있으니 아래 링크를 참고로 자신에게 맞는 회사를 고르길 바란다.

*참고 자동차 보험 만족도 사이트 https://hoken.kakaku.com/kuruma_hoken/ranking/

기타 유지비

연료 및 주차장과 고속도로 사용료 등 자동차를 소유하는 데 있어 가장 큰 비용이 들어가는 항목일 것이다. 일반 연료의 경우 보통 130~150엔 정도이고, 고급 연료의 경우 10엔 가량 더 비싸다. 일반차량은 리터당 10킬로, 하이브리드의 경우는 20킬로 까지 연비가 나온다. 주차장 사용료는 도쿄의 경우 2만엔~5만엔 선으로 다양하다. 한국과 비교해 주차장 사용료가 비싸기 때문에 주차장이 있는 자신의 집을 가지고 있지 않은 이상 도쿄에서 차를 소유하기란 쉽지 않다.

사실 사회 초년생이나 경제적으로 넉넉하지 못한 직장인이 도쿄에서

오늘도 도쿄로 출근 합니다.

1500cc 일반 자동차의 1년 유지비(참조용 *유류비 제외)

	일반 자동차(1500cc)	경차
자동차 세	30,500 엔	10,800 엔
자동차 중량 세	16,400 엔	12,300 엔
자동차 손해 배상 책임 보험	12,806 엔	12,422 엔
임의 보험	65,000 엔	55,000 엔
차검 비	30,000 엔	25,000 엔
기타 유지 비 (오일 교환 등)	18,000 엔	15,000 엔
1년 유지 비용	172,706 엔	130,522 엔

차를 소유한다는 것은 조금 무리가 있다. 그럼에도 차를 이용해야 하는 분들을 위해 일본의 카셰어/렌터카 서비스를 소개하려 한다.

당일/단거리 이동에는 카셰어 서비스

몇 년 전부터 일본에서도 카셰어 서비스가 확대되었다. 이제는 도쿄 및 인근 지역 곳곳에서 서비스를 발견할 수 있다. 회사에 따라 다르지만 월 회비를 내고 이용하는 방식이 일반적이다. 15분 단위로 이용할 수 있으며 주위에 예약 가능한 차량만 있다면 언제든지 이용할 수 있다.

*참고: 카셰어 회사별 비교 사이트 https://www.rere.jp/beginners/13937/

장거리 이동에는 렌터카 서비스

카셰어가 도쿄 내 당일로 사용하기에 적합하다면, 렌터카는 1일 이상 장거리 이동에 적합하다. 카셰어 서비스보다는 접근성이 조금 떨어지지만 역 주변에서 쉽게 찾아볼 수 있다. 회사에 따라 조건이 다르지만 면허 취득 1년 미만의 경우, 면허 경력 3년 이상의 동승인이 필요하기도 하니 이용 시 확인하기 바란다. 또 고속도로를 이용할 경우, ETC(하이패스) 옵션을 체크할 것! 너무 저렴한 렌터카 회사에서 빌릴 경우 연식이 오래된 차량이 많을 수 있다. 때문에 가격보다는 서비스 측면을 기준으로 고르는 것을 추천한다.

디자이너의 꿈을 찾아
일본으로

이서효
〔30대 / 여자 / 패션기획 디자이너〕

중학교 때부터 꿈꿔온 패션디자이너가 되기위해 유학을 결심했다. 동경하던 디자이너들의 모교를 졸업한 후 디자이너가 되기까진 순탄치 않았다. 하지만 지금은 어엿하게 디자이너의 명함을 손에 쥐고 현재 캐주얼 브랜드의 기획 디자이너로 일하고 있다.

Time Line

2010 일본 유학
2011 도쿄 문화복장학원 입학
2014 졸업 후 긴자에 있는 럭셔리 브랜드 판매직으로 근무
2015 OEM, ODM 어패럴 기획 영업으로 근무
2017 캐주얼 브랜드 어패럴 기획 디자이너로 근무 중

Contact

email: leeseohyo1212@gmail.com
instagram: hyo_review
brunch: @hyoso

일본에서
디자이너의 꿈을 꾸다

▬ ▪ ▪ **"패션 공부하는데 왜 하필 일본이야?"**

친구들 물음에 나는 고민에 빠졌다. '그냥 게임과 만화가 좋아서.'라고 답하기에는 나의 선택이 가벼워보였고, 심오한 이야기를 늘어놓기에는 나의 취향이 드러나 벌거벗겨지는 기분이 들어 어떻게 답을 해야 하나 항상 망설였다. 중학교 때부터 막연하게 패션 디자이너라는 직업을 동경했다. 그리고 어떻게 하면 그 길을 갈 수 있는지 알아보고 있었다. 그러던 중 일본에 있는 문화복장학원에 대해 알게 되었고, 엄마와 함께 패션쇼를 참관하며 더욱 유학에 대한 생각이 간절해졌다. 고등학교를 졸업한 후 바로 유학 준비를 원했다. 하지만 내 꿈을 지지하면서도 걱정이 많으셨던 엄마는 '돌다리도 두드려보자'는 심정으로 직접 일본 문화복장학원 서울사무소에 전화를 걸어 진로에 대해 상담을 하셨다.

"대학을 졸업하고 오셔야 수월하게 취업비자도 받을 수 있고 학교 진도도 따라갈 수 있어요. 적어도 전문대학을 졸업하시는 것을 추천 드려요."

상담을 받으신 엄마는 정말 유학을 원한다면 전문대학이라도 졸업을 하라며 설득하셨고, 나는 사전준비 과정으로 2년 전문대학을 가게 되었다. 패션디자인과에 입학해 공부를 하면서 다시 한 번 내 적성에 대해 확신을 갖게 되었다. 졸업 후에는 일본어 공부와 아르바이트를 하며 유학을 차근차근 준비해 나갔다. 그 전까지 학교 등교도 아슬아슬하게 지각을 면하며 살던 내가 스스로 새벽 6시에 일어나 아르바이트를 하고 밤 11시까지 독서실을 다니며 공부했다. 당시 문화복장학원의 지원 자격이었던 EJU 점수 200점 이상, 일본어 자격증 N2 이상을 2년 만에 완성했다. 자격요건을 충족한 후에는 일본어 회화학원과 패션일러스트 학원을 다니면서 유학준비의 박차를 가했다.

하지만 좌절의 시기가 찾아왔다. 리먼 쇼크로 인해 선 세세경세가 침체됐고 그 여파는 우리 집도 피해 갈 수 없었다. 거기다 엔화는 1500원대까지 치솟으며 일본 유학을 준비했던 친구들이 하나둘 포기하기 시작했다. 나 또한 그동안 준비해왔던 모든 것이 물거품이 될까 싶어 우울하던 시기

오늘도 도쿄로 출근 합니다.

였다. 그런 내 모습을 보던 남동생은 학비 부담을 줄이고자 대학교를 입학한 그 해에 바로 입대를 했다. 너무 고마웠지만 내 욕심 때문에 모두를 힘들게 하는 것 같아 많이 울기도 했다. 그렇게 온 가족의 도움과 희생으로 2010년 6월, 나는 일본행 비행기에 올라탈 수 있었다.

■ ■ ● 중고 자전거를 타고 다닌 시간들

우여곡절 끝에 도착한 일본에서 나는 새롭게 다시 시작해보겠다는 굳은 결심을 했다. 하지만 현실은 한국과 별반 다르지 않았다. 부모님께 손을 벌리기 싫어서 생활비는 아르바이트로 충당했다. 또 일본어 능력시험 N1을 따기 위해 밤늦게까지 집 앞 패스트푸드점을 전전하며 공부를 했다. 차비를 아끼기 위해 싼값에 중고 자전거를 구입했다. 비가 오나 눈이 오나 악바리 근성으로 자전거를 타고 다녔다. 덕분에 내 무릎과 팔꿈치에는 빙판길과 빗물에 미끄러져 다친 상처가 가득했다. 그렇게 아낀 돈으로 규동(소고기덮밥) 하나 사 먹을 수 있다며 기뻐했던 시절이었다. 그때는 힘든 줄도 몰랐고 힘들어해서도 안 된다며 스스로를 끊임없이 채찍질했다.

대망의 11월 문화복장학원의 필기시험과 면접일. 이날을 위해 거울 앞에서 대본을 들고 수십 번을 연습했다. 기출문제집을 닳도록 풀면서 만반의 준비를 했다. 하지만 가난한 유학생이었던 나는 면접 때 입고 갈 정장

하나가 없었다. 빠듯한 생활비에 정장은 사치였던 것이다. 어떻게 해서든 싼 가격의 옷을 구해보기 위해 자전거를 타고 온 동네를 뒤졌다. 그렇게 발품을 팔아 돌아다녀도 살 수 있는 가격의 옷은 없었다. 괜스레 쇼윈도에 걸려있는 반짝이는 옷이 원망스러웠고, 마음이 울컥했다.

"저렇게 많은 옷들 중에 내가 살 수 있는 옷은 하나도 없네……."

정장 하나 때문에 이렇게 고생할 일인가 싶어 길에서 엉엉 울던 그 때, 친구에게서 전화가 왔다. 한국에서부터 같이 공부를 하며 친해진 친구였다. 내 목소리를 듣던 친구는 걱정스레 자초지종을 물었고, 난 억울한 마음을 토해내듯 울면서 하소연을 했다. 사정을 들은 친구는 망설임 없이 말했다.

"미리 말하지! 내꺼 빌려줄게!"

친구는 별 것 아니라고 했지만, 그때 그 말이 얼마나 고마웠는지 모른다. 타지에서 혼자 외롭게 싸워가고 있는 나에게 든든한 지원군이 생긴 것 같았다. 그렇게 귀한 정장을 입고 면접 당일, 시험장으로 향했다. 필기시험은 별 어려움 없이 시간에 맞추어 풀 수 있었다. 다음은 심혈을 기울여 준비한 면접이었다. 떨리는 가슴을 부여잡고 면접실로 들어갔다. 그렇게 긴장되는 면접이 시작되었다.

"문화복장학원에 지원한 계기가 뭔가요?"

"좋아하는 디자이너는 누가 있나요?"

걱정했던 것보다는 편안한 분위기 속에서 면접이 진행됐다. 힘들어도 포기하지 않고 준비했던 결과가 빛을 발하는 순간이었다. 그렇게 그 해, 나는 그토록 바라던 문화복장학원의 합격통지서를 거머쥘 수 있었다.

혹독하기만한
디자이너 도전기

━━ ● '험난하고도 험난했던 홀로서기'

합격증을 받아들고 나는 아르바이트를 하며 하루하루를 보냈다. 어학원 졸업식이 있던 3월의 어느 날, 도쿄 나카노의 커다란 홀에서 장기자랑이 며 스피치 대회 등 각종 이벤트와 함께 졸업행사가 한창이었다. 나 역시 준비한 무대를 위해 순서를 기다리고 있었다. 그러던 중 '쿵'하는 소리와 함께 무대 바닥이 뒤틀리듯 흔들리기 시작했다. 순식간에 행복했던 졸업 식은 비명소리가 가득한 아비규환 현장으로 바뀌었다. 바로 2011년 3월 11일, 일본 동경 대지진이 벌어진 날이었다. 그날 나는 인생에서 처음으로 죽음의 공포와 맞닥뜨렸다

오늘도 도쿄로 출근 합니다.

상황은 심각했다. 당시 살고 있던 셰어하우스는 사람들이 빠져나가 유령의 집 같았다. 한국으로 돌아갈까 집을 구할까 고민하던 그 때, 한국행 티켓 가격이 일주일 사이 90만원까지 올랐다. 비싼 티켓 값에 어쩌지 못하고 있는 그때, 야반도주하듯 사라져버린 외국인들이 많아지면서 심사는 까다로워졌지만 싼 값에 좋은 집들이 나오기 시작했다. 나는 한국행을 포기한 대신 도쿄 근교에 나만의 보금자리를 마련할 수 있었다. 하지만 부모님은 달랐다. 타지에서 딸이 혼자 위험하게 사는 것이 걱정되셨는지 한국으로 돌아오기를 권하셨다. 계속 공부를 하고 싶은 나와 귀국을 권하는 부모님 사이에 날선 신경전이 계속됐다. 자식 이기는 부모는 없다고 했던가. 부모님은 백기를 드셨고 약속을 하셨다.

"원하면 일본에 있어도 된다. 하지만 너의 선택이고 너의 책임이야. 거기에서 믿을 건 너 자신뿐이니 제대로 해야 된다. 할 수 있겠어?"
"열심히 해볼게요."

부모님께 기댈 수 있는 어린아이가 아니었다. 이제 난 타지에서 혼자 스스로 결정하고 생활해야 하는 어른이었다. 그렇게 스스로 책임지는 법을 배우게 되었다.

━━ • 꿈의 시작

　나의 꿈이었던 일본 문화복장학원에 입학했다. 일러스트 수업이나 옷을 만드는 기술수업은 한국에서 배워둔 덕에 어렵지 않았다. 문제는 해부학 수업이었다. 특히 해부학 교과서를 처음 받았을 때는 꽤나 충격이 컸다. 나름 한자 공부를 열심히 했다고 자신했는데 책에는 정말 하나도 모를 전문용어들로 가득했다. 단어를 일일이 찾으며 공부하는 것이 쉽지 않았다. 그것보다 왜 디자인학교에서 해부학을 배워야 하는 건지 의문이었다.

　그 궁금증은 해부학 수업 첫날, 바로 해소되었다.
　"여러분들은 인간의 몸을 대상으로 디자인을 하는 거죠? 인간의 몸을 알지 못한 채 제대로 된 디자인을 할 수 있을까요? 정말 위대한 디자이너가 되고 싶다면 해부학은 필수로 배워야 하는 과목입니다!"
　우리 몸에 대해 자세히 아는 것, 그것은 진정한 디자이너가 되기 위해 거쳐야 할 과정이었던 것이다. 그 뒤로 모르는 단어들은 사전을 찾아가며 열심히 공부했다. 내 꿈인 디자이너가 되기 위해 누구보다 열정적인 학교생활을 하던 중, 2학년 여름방학을 앞두고 소와론 콘테스트(학교 내 패션콘테스트)가 열렸다. 아르바이트와 학업을 병행하며 조금씩 지쳐가던 그 때, 패션콘테스트는 나에게 또 다른 도전이었다. 과제의 연장선으로 준비했던 일러스트가 예선에 합격했다. 생각지도 못한 결과로 여름방학 동안 아르바이트도 그만두고 콘테스트에만 집중했다. 하지만 디자인으로 옷을 만드는 과정은 끝 없는 고통이었다. 마음에 들지 않아 몇 날 며칠을 밤을 새며 수정했다. 너무 힘들어서 포기하고 싶었다. 하지만 시작한 이상 마무리는 짓고 싶었다. 그렇게 두 달이라는 긴 여정을 보내고 수상을 기대했지만, 결과는 본선진출. 딱 거기까지였다. 상을 받았다면 좋았겠지만 최선을 다했기에 아쉬움은 없었다. 두 다리 뻗고 잠을 잘 수 있다는 생각에 후련하기만 했다. 그렇게 3학년 취업시즌이 찾아왔다.

취업 그리고 도전

강물을 거슬러 올라가는 연어처럼

여름으로 넘어가는 시기에 본격적인 취업활동을 시작했다. 인턴을 비롯해 다양한 방법으로 취업의 문을 두드려 봤지만 결과는 쓰디쓴 낙방의 연속이었다. 면접까지 올라가도 2차에서 떨어지길 반복했고, 무엇이 부족한지조차 갈피를 잡지 못했다. 거기다 3.11 대지진의 여파로 채용 인구가 적어졌다는 이야기까지 돌면서 마음은 초조해져만 갔다. 어영부영 여름방학이 끝나고 2학기가 시작되면서 불안감은 더 커졌다. 그 사이 주변에서는 하나 둘 채용을 알리는 친구들도 있었지만, 아예 일본 취업을 포기한 한국인 친구들도 하나 둘 생겨났다.

어떻게 해야 하나 고민이 많았다. 차라리 1년을 더 공부해서 학사자격을 취득해볼까, 한국으로 돌아갈까 고민을 하다가 취업활동에 더 집중해보자고 결론을 내렸다. 하지만 쉽지 않았다. 패션업계 특성상 중국에 공장들을 많이 두고 있기 때문에 중국 유학생들이 대체적으로 취업에 유리했다. 그에 반해 나는 무엇을 잘하는지, 나만의 강점은 무엇인지 알 수 없어 막막하기만 했다. 그러던 중 선생님의 추천으로 한국에 본사를 두고 있는 럭셔리 브랜드에 취직하게 되었다. 브랜드의 일본 진출 오픈 멤버로 판매직 사원으로 채용이 된 것이다. 그렇게 나의 첫 사회생활이 시작되었다. 1년 반을 정말 열심히 일했다. 내 적성은 이게 아니었을까 싶을만큼 이달의 판매왕도 되었고, 한국 본사의 손님이 오시면 동시통역이나 번역 등의 일도 하면서 일에 대한 보람을 느꼈다. 하지만 마음 속 깊은 곳에 자리 잡은 디자이너의 꿈은 사라지지 않았다.

그렇게 꿈을 쫓아 다시 이직 시장에 뛰어들었다. 여러 곳의 문을 두드린 후 OEM기획 디자이너의 어시스턴트로 들어갈 기회를 잡았다. 어렵사리 잡은 기회였기에 너무나 가슴이 벅찼다. 디자이너로서 일을 배울 수 있다는 생각에 뛸 듯이 기뻤다. 하지만 기대와 달리 회사 분위기는 사뭇 달랐다. 디자이너를 기대하며 들어간 곳은 기획보다는 영업과 생산관리 업무가 주를 이루었다. 또 어시스턴트라는 입장에서 배울 수 있는 일도 한정적이었다. 고객이 찾는 원단샘플이나 부자재 등을 준비하거나 샘플들의 치수를 재고 다림질을 하는 반복적이고 단순한 일 밖에 주어지지 않았다. 그러던 중 반년이 채 되지 않아 기획영업직을 맡게 되었다. 어시스턴트 때와는 또 다른 실적 경쟁과 압박감을 느끼게 되었다.

스트레스를 받으면서도 악착같이 일했다. 그리고 1년의 경력이 채워진 날, 퇴사를 결심했다. 그 당시 취업비자로 일본에 재류 중이었고 재류 시기는 내년 9월까지였다. 취업비자를 받은 회사를 그만두게 되면 이직할 곳이 없을 시 재류시기와 상관없이 단 3개월 간의 이직 활동시기만을 부여받게 된다. 첫 달은 실업급여를 신청하며 휴식기를 가졌다. 그리고 두 달째부터 디자이너로서 일 할 수 있는 곳을 찾았다. 총 3곳의 회사에서 최종면접을 보고 결과를 기다렸다. 만약 불합격한다면 더 이상 일본에 남아 있을 수 없다는 생각에 너무나 불안했다. 내색하지 않으려고 할수록 초조해지는 내 모습이 읽혔는지, 어느 날 엄마는 나에게 말했다.

"세상이 끝난 것도 아니고 한국에 돌아올 곳이 있는데 뭘 그렇게 불안해 해? 후회 없이 해 볼만큼 해보고 더 이상 안 되면 다시 집으로 와. 엄마는 우리 딸 많이 보고 싶네."

혼자 제대로 서서 뚜벅뚜벅 걸어 나가는 모습을 보여드리고 싶었는데 자꾸만 오뚝이처럼 뒤뚱거리며 넘어지는 모습만 보여드린 것 같아 마음이 아팠다. 그렇게 마음 졸이며 기다리던 중, 드디어 합격통지 메일을 받았다. 마음은 기뻤는데 계속 눈물이 났다. 부모님 역시나 '우리 딸이 디자이너가 되었다'며 정말 행복해하셨다.

입사한 곳은 크지 않은 브랜드지만 기획 디자이너로서 내가 원하던 일을 할 수 있는 곳이었다. 처음에는 쉽지 않았다. 작업지시서 쓰는 법과 패턴 지시 등 다시 배워야 할 것이 많았다. 또 디자이너라는 일의 특성상 나의 디자인을 상대방에게 납득시키고 설명을 해야 하는 일이 많았다. 퇴근 후 매일 연습을 하고, 디자인 미팅을 여러 번 진행하면서 회사 분위기를 빨리 따라 잡을 수 있게 노력했다. 배울 것이 많고 실수도 많았지만 하나씩 일을 해나갈 때마다 디자이너로서 성장해가는 내 모습이 너무나 기특했다. 또 오랫동안 고대하던 일이었기에 모든 것이 즐거워 힘들지도 않았다. 현재 난 3년째 이곳에 재직 중이다. 이제는 나름 디자이너로서 자신감도 갖게 되었다. 강물을 거슬러 올라가는 연어처럼 나의 취업활동은 저 멀리 바다에서부터 강까지 거슬러 올라가는 힘든 여정이었지만 끝끝내 원하는 바를 이룰 수 있었다. 포기하지 않고 끝까지 헤엄쳐온 노력들은 내 인생의 주춧돌이 될 만큼 커다란 힘이 되었다.

통계와 정보
도쿄의 외국인에 대한 고찰

"외노자*의 삶!! 도대체 일본에는 얼마나 다양한 외국인이 존재할까?"

길을 지나갈 때나 편의점이나 음식점을 들리면 정말 많은 외국인들을 만나게 된다. 이것은 심각한 인력난과 고령화 사회의 일본이 찾아낸 해결책이지 않을까 싶다. 특히 도쿄에는 18명 중 1명이 외국인이라고 할 정도로 외국인의 비율이 높은 편이다. 얼마나 많은 외국인이 존재하며 또 그들이 어떤 직종을 택하는지 알아보자.

2020년 6월 말 기준으로 중장기 외국인 재류자수는 251만 1천527명, 특별 영주자수는 31만 7천849명으로 전체 재류 외국인 수는 282만 9천416명으로 전년도 말에 비해 9만 8천323명(3.6%) 증가해 과거 최고치를 경신했다. 남녀별로는 여성이 144만 2천15명, 남성은 138만 401명으로 각각 증가 추세이다.

이하 내용은 2019년 10월말 기준 일본 법무청 발표자료

---

* 외국인 노동자를 지칭하는 말

오늘도 도쿄로 출근 합니다.

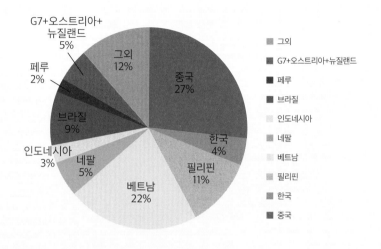

[출처] 2019년 10월말 기준 일본 법무청 발표자료

국적 지역별로 나눈 외국인 노동자 수

1위 중국 (38만 9천117명) 26.6%

2위 베트남 (31만 6천840명) 21.7%

3위 필리핀 (16만 4천6명) 11.2%

순으로 그중 한국은 (6만 2천516명)으로 4.3%를 차지한다. 그래프에 나와

있듯이 중국 역시 한국만큼 가까운 나라이다 보니 중국인 근로자가 많은

편이다. 일본어 학교나 전문학교에서도 압도적으로 중국인 학생이 많았

다.

재류자격별로 나눈 외국인 노동자수

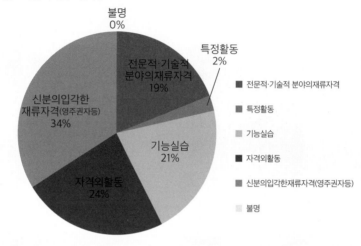

불명
0%

특정활동
2%

전문적·기술적
분야의재류자격
19%

신분의입각한
재류자격(영주권자등)
34%

자격외활동
24%

기능실습
21%

- ■ 전문적·기술적 분야의재류자격
- ■ 특정활동
- ■ 기능실습
- ■ 자격외활동
- ■ 신분의입각한재류자격(영주권자등)
- ■ 불명

[출처] 2019년 10월말 기준 일본 법무청 발표자료

재류자격별로 나눈 외국인 노동자수

1위 영주권 비자, 일본인 배우자 비자, 영주권자 배우자 비자, 정주자 비자 33.9%

2위 자격 외 활동 (유학생의 아르바이트도 포함) 23.5%

3위 기술 실습 19.7%

4위 전문적. 기술적 분야의 자격 활동 (취업비자 해당) 19%

자격 외 활동은 전년 대비 15% 증가했으며 전문적·기술적 분야 자격 활동 또한 전년 대비 16.1% 증가 추세를 보였다. 10년 이상 재류 후 신청할 수 있는 영주권 비자가 현재는 고도 인재 제도*를 통해 시간을 단축해 얻을 수 있게 되었다. 아마도 그 영향이 조금은 있다고 보인다.

* 고도인재 비자는 기존에 존재하던 영주권 획득방법과 달리 오로지 스펙과 능력 위주의 뛰어난 외국인 이면 누구나 신청할 수 있는 일본 내에서 가장 획기적이고 빠른 영주권 획득 방법

오늘도 도쿄로 출근 합니다.

산업별 외국인고용사업소의 비율

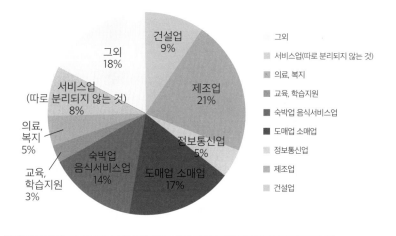

[출처] 2019년 10월말 기준 일본 법무청 발표자료

업종별로 나눈 외국인 노동자수

1위 제조업 21.4%

2위 도·소매업 17%

3위 숙박업, 음식서비스업 14.5%

4위 건설업 9.4%

5위 서비스업 8.1%

제조업에 근무하는 외국인 수가 많았다. 아마도 개발도상국 청년들에게 연수 목적으로 제공하는 기술실습 비자 때문이라고 보인다. 근래에는 값 싼 외국 노동력으로 이용되고 있다고 비판받고 있다.

산업소 규모별로 나눈 외국인 노동자수

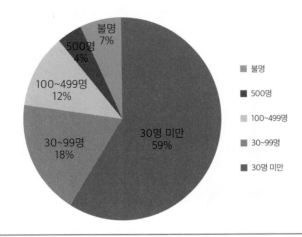

[출처] 2019년 10월말 기준 일본 법무청 발표자료

사업소 규모별로 나눈 외국인 노동자수

1위 30인 미만 58.8%

2위 30~99인 18.5%

3위 100~499인 11.7%

4위 500인 이상 4%

 1위인 30인 미만 규모의 사업소는 전년 대비 13.8% 증가했으며 가장 큰 증가율로 보이고 있다. 아시아권인 만큼 외국인 노동자수는 중국과 베트남, 필리핀 순으로 그 수가 많은 편이다. 인력난과 고령화로 인해 해마다 외국인 노동자수는 증가하는 추세이며 많은 업종에 분포해 있다. 하지만 데이터로는 볼 수 없는 블랙기업이라는 함정도 존재하기에 섣부른 준

오늘도 도쿄로 출근 합니다.

비를 하기 보다 좀 더 시간을 들여 도전해보기를 추천한다.

도쿄에서
개발자로 살아가기

김선명
[30대 / 남자 / 게임 플랫폼 엔지니어]

어렸을때부터 프로그래머를 꿈꿨다. 그러다가 한국에서 IT 전문교육기관을 수료한 후 대학을 졸업할 즈음 당시 유행이었던 해외취업 붐 속에서 일본으로 취업을 했다. 처음에는 도쿄의 한국계 파견회사에 입사했고 몇 번의 실패와 성공을 바탕으로 경력을 쌓은 후 현재 원하는 회사로 이직했다. 지금보다 훨씬 더 창의적이고 재미있는 개발자가 되기 위해 노력 중이다.

Time Line

2003 한국 비트교육센터 전문가 과정 수료
2004 대한민국 육군 입대
2005 한국어문회 한자능력 검정 2급 취득
2007 일본 IT취업 교육원 시작
2008 대학 졸업 및 한국계 일본 파견회사에 입사
2012 파견회사에서 일본계 회사 정사원으로 이직
2020 LINE으로 입사
2020 일본 영주권 취득

Contact

facebook: seonmyeong.kim

해외 IT 취업 버블시대,
그리고 일본

프로그래머의 꿈 그리고 일본 취업

힘들었던 수험기간이 끝나고 대학 1학년이 되었다. 고등학생 때는 해볼 수 없었던 밴드 생활만 하며 학과 수업을 멀리했다. 그러다가 2학년이 되어서 프로그래머의 꿈을 위해 비트교육센터에 들어갔다. 이곳은 대한민국 상위 1% IT 전문가를 만드는 양성교육기관이다. 한국 IT 대기업에 출강하는 유명 강사진들이 교육을 담당하고 있었고 교육시스템도 엄격했다. 1년 6개월동안 아침 8시부터 새벽 3시까지 휴일도 없이 매일 프로그래밍 공부를 하며 최종 10% 정도만 통과하는 시험을 치렀다. 밥 먹을 때와 화장실에 갈 때를 제외하고 교육원 컴퓨터 앞에서 자고 일어나기를 반복했다. 당시 같은 기수 사람들의 'Windows 환경기반 화상회의 시스템

개발 프로젝트'는 TV방송에도 소개될 정도였다. 20대 초반이었던 나 역시 나 수준 높은 교육을 받고 전문가 과정까지 통과하게 되었다.

교육원 수료 후 군필자였던 선배들은 한국의 유명 IT 대기업에 스카우트되었다. 나도 취업이 가능했지만 국방의 의무를 다하기 위해 군대에 입대했다. 교육원 수료를 인정받아서였는지 배치된 부대는 우수한 장병들이 모인 대한민국 육군본부였다. 군 생활동안 한자를 공부하기 시작해 상병이 되어서는 한자능력 2급을 취득할 수 있었다. 제대 후 복학해서는 일본 IT 취업교육원을 들어갔다. 그곳에서 일본어와 IT 기술인 임베디드 공부를 했고, 수료한 뒤에는 학교 졸업과 동시에 일본의 한국계 파견기업에 취직을 했다. 비트교육센터 출신 동기들은 한국에 있는 대기업을 가지 않고 일본까지 고생스러운 취업을 하는 나를 이해하지 못했다. 일본에 취업하려는 이유는 명확했다. 한자를 공부했던 이유도 그러했지만 난 IT기술의 성지인 미국을 알기 전, 내 나라의 배경이 되는 아시아를 알고 싶었다, 그래서 아시아를 대표하는 나라 중 일본을 직접 경험해봐야 한다고 생각했다.

또 하나의 바보 같은 이유가 있었다. 난 '아이언맨'을 좋아했다. 그리고 '아이언맨'이 되고 싶었다. 필요한 모든 기술과 언어들을 공부해 영화 '아이언맨'의 '자비스' 같은 AI와 플라잉슈트를 만들 수 있는 개발자가 되고 싶었다. 일본 IT 취업교육원에서 가르치는 임베디드 기술은 나의 꿈을 이루기 위해 꼭 필요한 것이었다. 당시 내가 구사할 수 있었던 언어능력은 한국어와 한자뿐이었고 그것을 살려서 갈 수 있던 곳은 일본이었다. 그렇게 바보 같은 꿈을 위한 첫걸음으로 일본을 향했다.

드디어, 일본 생활의 시작

그 무렵 한국에서는 해외취업이 붐이었다. 일본 IT 업계에 취업을 한다는 것은 젊은 취준생들에게 마치 '기회의 낙원'에 입성하는 것과 같았다. 그렇게 많은 사람들이 일본과 해외 취업이라는 키워드를 쫓아 교육기관에 입성했던 것이다. 하지만 일본 IT 기업의 실체는 일본에 있는 한국계 혹은 작은 일본 SI업체, 즉 파견회사가 대부분이었다. 당시 사회생활이 처음이었던 나는 회사 계약에 관해서는 문외한이었다. 그래서 잘 알아보지도 못한 채 교육원에서 소개해 준 파견회사로 취직을 했다. 상상했던 것과는 많이 달랐지만 계약된 프로젝트를 성공적으로 마치는 일에만 집중했다. 그러다가 점차 실체를 알게 되었다. 몇 년전 IT 버블시대라고 불리던 시절, 일본 파견회사에 취업한 개발자 선배들이 계기가 되었다. 배울 것이 많다고 생각했던 선배들과 함께 일을 하면서 기술적인 부분에서 많이 실망했던 것이다. 물론 자신만의 경력을 쌓는 선배들도 있었지만 반대로 프로그래밍도 할 줄 몰라 파견처만 계속 옮겨 다니는 선배들도 있었다.

당시 일본은 리먼 쇼크가 터지고 난 후였다. 일하던 사람들도 회사를 그만두거나 해고를 당해 한국으로 돌아갔다. 일본 취업을 원하는 취준생들의 상황도 어려워졌다. 그 일을 겪으면서 생각했다. 경력관리가 힘들고 계약에서 주어진 역할만 하는 파견사원보다 직접 자신의 회사 솔루션을 개발하는 정사원으로 일하고 싶어졌다. 이제부터 이야기 하겠지만 몇 번의 실패와 성공을 거쳐 결국 지금은 원하는 회사로 이직했다. 마치 그 동안 고생했으니 보상이라도 해주는 듯 아주 만족하며 일하고 있다. 조건 역시 외국계 유명 IT회사로의 이직을 접을 만큼 일하기 좋은 근무 환경이었고. 동료들이나 상사들도 존경할만 한 인재들이 많아 10년 후의 직장생활도 나쁘지 않아 보였다. 그리고 내가 앞으로 성장하기 위해 필요한 모든 것들을 고마울 정도로 지원해주고 있다. 오히려 나의 신입사원 시절을 이런 회사에서 시작했더라면 더 능력있는 개발자가 되어 있지 않았을까 하는 아쉬움이 들 정도였다.

최근 보드게임 모임에서 한국 개발자를 만났다. 그 친구는 일본 대기업의 신입사원으로 시작해 양질의 IT 교육을 받으며 좋은 선배들과 함께 프로젝트를 진행하고 있었다. 내가 취업을 준비하던 2008년과 다르게 요즘은 일본 대기업들이 한국의 취업세미나에 직접 참여하여 신입사원을 채용한다는 것이다. 최근 들어 해외취업 환경이 과거에 비해 나아지고 있다. 하지만 타지에서 꿈을 이루기 위해 홀로 고생하는 것은 예나 지금이나 마찬가지이다. 해외취업을 위해서는 한 치 앞도 알 수 없는 모험을 떠나는 것처럼 용기가 필요하다.

일본 IT 업계의
한국인 엔지니어

일본인들이 바라보는 한국인 엔지니어

가깝지만 먼 나라 일본에 대한 선입견이 있다. 특히 일본 사람들이 일할 때 융통성이 없다는 것이다. 일본에 와서 일을 하며 확실히 느꼈다. 한국 개발자의 경우, 꼭 필요하지 않은 작업은 굳이 하지 않았고 개발현장에서도 속도를 중시하는 경향이 강했다. 그에 비해 일본 개발자는 답답할 정도로 정해진 절차를 지켜가며 일을 처리했다. 그런데 돌이켜보면 한국 스타일과 일본 스타일 중 완벽한 정답은 없다는 것을 깨닫게 된다. 속도와 효율성을 중시하는 한국의 업무 방식과 정확성과 안전성을 중시하는 일본의 업무 방식의 차이였던 것이다.

나라별 차이만이 아니었다. 문과 전공자와 이과 전공자의 다른 점도 있다고 본다. 이과 전공자의 경우, 셈에 강하고 분석적인 반면 문과 전공자의 경우, 커뮤니케이션 능력이 뛰어나고 감성적이었다. 이는 업무를 처리할 때 장점으로 나타났다. 일본에서 일하는 외국인으로, 나는 때때로 한국인을 대표하는 이미지로 비춰질 수 있다. 꼼꼼한 일처리를 중시하는 일본 업무 방식을 거스르지 않으면서도 효율적으로 일을 처리하는 한국 업무 방식을 도입해 성과를 내는 것에 주력했다. 또 군대 생활을 통해 익힌 규칙을 준수하고 조직생활에 잘 적응하는 모습 역시 관리자들에게 호의적으로 비춰졌다. 많은 사람들이 편견과 고정관념들을 갖고 있다. 일본에서 일하는 한국인으로서 편견과 고정관념은 서로 배려하면서 충분히 극복할 수 있다고 본다. 노력만 하면 모든 장벽은 허물 수 있다.

▬ ● 일본계 회사 정사원으로

한국계 파견회사에서 일본 회사의 정사원으로 처음 이직했던 곳은 신주쿠에 있는 작은 일본 게임회사였다. 그곳은 그 전까지 외국인을 채용해본 적이 없었다.그 부분이 조금 걱정이었지만 오히려 좋은 경험이 될지도 모른다는 생각에 이직을 결심했다. 입사 후 나는 게임들을 만들어 납품하는 모바일 게임 개발팀에 소속되었다. 처음 맡은 프로젝트는 '4인 마작 대전 게임'이었다. 한국에서는 생소하지만 일본에서 마작은 남녀노소 모두가 즐기는 대중적인 취미생활이다. 한국의 당구장처럼 마작소*도 곳곳에 있었다. 첫 프로젝트인 만큼 잘 해내고 싶었다. 그래서 마작에 대해 처음부터 공부하면서 개발을 진행하였다.

　게임이 완성되어갈 무렵, 서버에서 에러를 확인한 나는 게임 서버 담당자에게 찾아가 원인을 조사해달라고 요구했다. 그런데 그의 대답은 예상외였다.

　"정말? 진짜로? 그럴 리가. 거짓말하는 거 아니지?"

　"로그를 확인해 보면 알 겁니다. XXX에러코드가 수신되는 걸 확인했습니다."

　"거짓말 아니야? 조국을 걸고 약속할 수 있어?"

　내가 일본에 와서 외국인 차별을 처음 경험한 순간이었다. 순간 분노가 치밀어 올랐다. '이 사람은 지금 내 말을 어떻게 받아들이고 있는 거지? 내가 한국 사람이기 때문에 내 말은 믿을 수 없다는 뜻인가?' 얼굴까지 붉어져 아무 말도 할 수 없었다. 얼마 후 서버 담당자는 에러를 확인하고 나에게 와서는 아무 일 없었다는 듯 말했다.

　"미안. 서버에서 에러가 났던 거였네. 고쳐 놨으니까 다시 확인해줄래?"

　그리고 또 몇 개월이 지난 후, 급여 명세서에 큰 착오가 있음을 발견했

---

* 마작 게임을 즐기는 전용 장소

다. 최종 면접 당시, 회사는 받고 있는 연봉보다 연봉에 20만엔 정도 올려주겠다고 제안을 했었다. 그런데 막상 받아본 급여 명세서의 내용은 달랐다. 인센티브에 대해 사람들에게 물어보니 똑같은 말을 했다.

"인센티브요? 그런 건 회사에서 엄청난 공을 세우지 않는 이상 안 나오는 걸로 아는데."

그렇다. 인센티브는 달콤한 함정이었다. 물론 계약서를 제대로 확인하지 않은 나의 잘못이다. 하지만 면접을 마친 후 계약하기 전 인센티브를 포함한 연봉이라는 설명이 없었다. 난 뒤늦게 계약서에 있는 연봉 옆에 "(인센티브 포함)"이라고 적혀있는 것을 발견하게 되었다. 실적을 위해 말로 사람을 꾀는 영업사원에게 제대로 속은 것 같은 기분이 드는 것은 어쩔 수 없었다.

문제는 이것만이 아니었다. 일본에는 '재량 노동제*'와 'みなし残業(고정 잔업수당)*'이라는 것이 있는데. 나의 경우 회사에서 밤을 새우거나 야근한 적이 많았는데도 수당을 받지 못했다. 또 재량 노동제를 채택하고 있는 회사였지만 노동자를 위한 제도가 아니었다. 자유로운 출퇴근 시간이라고 했지만 암묵적으로 '9시 출근-7시 퇴근'으로 운영되고 있었고, 팀장

---

* 실제 노동 시간에 상관없이 일정 시간만 일해도 되는 노동 형태. 노동자를 시간이 아니라 성과로 평가하는 제도
* 야근의 양과 상관없이 정해진 야근 시간 동안 근무한 것으로 계산해 지급하는 수당

에게 퇴근하는 이유를 알린 뒤에야 퇴근이 가능했다. 특별한 일이 없어도 매일 막차타는 시간까지 회사에 남아있었고, 저녁 9시 이전에 퇴근을 하면 열심히 일하지 않는 사람으로 평가받는 분위기였다. 블랙기업에서 흔히 볼 수 있는 경영자 중심의 규칙들이었다. 공정하게 평가되고 운영될 것이라고 믿었던 만큼 실망도 컸다. 모르는 것이 많고 부족한 부분도 많은 첫 이직이었지만, 이렇게 난 많은 것을 배우고 느낀 채 첫 번째 정사원의 일본 직장을 떠났다.

오늘도 도쿄로 출근 합니다.

진짜 시작은 이제부터

■ ▪ • 재도전의 시작.

두 번째 회사는 20여 명의 한국인을 포함해 외국인들의 비중이 높은 중견 일본 게임회사였다. 높아진 처우도 이유였지만 그보다 내가 원하는 일을 할 수 있었다. 또 회사 동료들과도 친구처럼 지내게 되었고, 동갑내기 한국 개발자 친구도 만나게 되었다. 회사 생활이 만족스럽다 보니 일이 즐거웠다. 자연스럽게 회사 평가도 좋았다. 이후로도 하고 싶은 일과 원하는 성장환경을 쫓으며 노력하다 보니 이직을 할 때마다 만족도는 점점 높아져갔다. 이직에 실패했던 경험들이 거름이 되어 좋은 회사를 보는 눈이 생긴 것 같다.

나의 경우 이직을 통해 적성에 맞는 일을 하게 되었지만, 이직이 정답은 아니다. 오히려 독이 될 수도 있다. 현재 직장에서 목표를 충분히 달성할 수 있고 만족할 만한 환경이라면 오래 근무해서 승진을 하거나 더 좋은 경험을 할 수 있다. 하지만 이직을 생각한다면 사전 조사가 정말 중요하다. 나의 목표를 이룰 수 있는 곳인지, 복지는 어떠한지, 외국인 근로자에 대한 처우는 어떠한지 등 각자 생각한 조건들을 꼼꼼히 따져볼 필요가 있다. 나처럼 실수를 되풀이하지 않으려면.

일본 IT 업계의 개발자로서 알면 좋은 것들

업종을 불문하고 이직은 타이밍과 운이 중요하다. 단순히 말해 원하는 포지션이 있다면 그 포지션이 필요한 타이밍에 '내가 자격이 있는가?'이다. 스마트폰 앱 개발 분야만 해도 그렇다. 한국은 Android 스마트폰이 주류였지만 일본에서는 iPhone 3G가 발매되어 일본 대표 스마트폰으로 자리 잡게 되었다. 당시 iOS 앱 개발을 1년이라도 해봤던 개발자들이 IT 업계에 아주 좋은 채용조건으로 경쟁하듯 스카우트되었다. 관련 동향을 예측하고 준비해온 개발자들은 이미 해당 경력을 쌓기 위해 직장을 옮기거나 신규 프로젝트에 참여하여 경력을 쌓았고. 이런 좋은 기회를 놓치지 않았다. 준비된 자만이 타이밍과 혜택을 누릴 수 있는 것이다. Google, Apple, Facebook, Intel 등 실리콘 밸리 글로벌 기업들이 연구 개발하고 있는 기술들 소식에 밝아야 한다. 또 일본의 주요 IT 업계에서 많이 쓰고 있는 기술에 대한 정보를 업데이트해야 현재 시장에서 필요한 엔지니어로서 성장해갈수 있다.

일본에서 일하는 한국인으로서의 가장 큰 이점은 한국어와 일본어, 두 가지 언어를 사용할 수 있다는 것이다. 문제를 해결에 필요한 한국 사이트와 일본 사이트를 일본인보다 더 수월하게 검색할 수 있었다. 이렇게 두 가지 이상의 언어를 사용할 수 있다는 것은 어느 나라에서든 큰 장점으로 작용한다.

━ ● 11년간 5번의 이직

11년 동안 일본 IT 업계에서 일하면서 5번의 이직을 했다. 이직을 하면서 느꼈던 몇 가지 중요한 점을 이야기하면, 일단 이직에 관해 자신만의 스토리를 만드는 것이다. 어렸을 때부터 겪었던 이야기들, 취업을 준비해 왔던 자신의 인생을 한 편의 책이나 영화를 만들 듯 정리한 뒤 면접에 임하는 것이다. 이런 과정은 또 다른 이직을 할 때나 미래 계획을 세울 때에도 도움이 된다. 물론 IT 업계의 경우, 과거 이력보다는 기술력이 더 중요하게 평가되기 때문에 자신의 이력을 포트폴리오로 만들어 둘 것을 추천한다.

일본에서 몇 번의 이직을 경험한 뒤, 회사를 고르는 나만의 기준이 생겼다. 바로 지원하려는 일본 회사가 외국인을 채용해본 적이 있는지, 또 회사에 외국인이 얼마나 되는지를 확인해 보는 것이다. 회사도 나의 경력이 무엇인지, 어떤 업무를 할 수 있는지를 살펴보고 채용을 하듯이 나 스스로도 내가 지원하려는 회사에 대해 꼼꼼하게 알아보는 것이다. 이것은 회사가 외국인에 대한 차별이나 평가를 어떻게 하는지도 포함한 조사라고 보면 된다. 일본 IT 업계에는 인력이 부족해 일본어가 조금 부족해도 한국인을 채용한다고 알려져 있지만, 실제로 상명하복을 중시하는 딱딱한 조직문화를 가진 기업도 있으니 기업문화도 확인해봐야 한다. 그리고 주식회사의 경우, 증권거래소에 상장이 되어있는 회사인지도 판단기준이 될 수 있다. 특히 4군데 주식시장 중 東証一部(동경증권1부) 상장회사인 경우, 다른 곳보다 안정적으로 경영을 하고 복리후생이 잘 되어있는 회사가 많기 때문에 가능하다면 東証一部(동경증권1부) 상장회사를 추천한다.

외국에서 이직을 진지하게 생각하고 있다면 현재 하고 있는 일과 관련한 커뮤니티에 참가하여 다른 사람들의 동향을 파악하는 것도 중요하다. 사람들의 생각을 들어보고 정보를 공유하면서 나의 시야를 더욱 넓힐 수 있다. 나 역시 일본에 있는 한국인 개발자들 모임에 참여하여 여러 가지 유익한 정보들을 얻었고 좋은 사람들을 만날 수 있게 되었다.

오늘도 도쿄로 출근 합니다.

프리랜서의 길, 그리고 정사원

주변 지인들 중 파견회사를 거치지 않고 회사와 직접 계약을 맺는 프리랜서로 전향하는 사람들도 있었다. 나에게도 그러한 제의가 있었고 고민을 했던 적이 있었다. 프리랜서와 정사원의 길. 무엇이 더 옳은 지는 개인에 따라 다르다. 프리랜서가 사업을 시작하기에는 더 수월하다고 말하는 사람들도 있다. 하지만 정사원도 충분한 자본금이 모였거나 좋은 아이디어가 있다면 사업이 가능하다. 도중에 법이 바뀌면서 그만두게 되었지만, 나 역시 정사원으로 일하면서 쉐어링 사업을 사업을 창업하여 부업으로 2년 정도 운영해본 경험이 있다. 결국 프리랜서나 정사원이라는 조건보다는 자기 사업을 끝까지 이끌어 갈 수 있는 정신력과 시간의 차이라고 생각한다.

나는 정사원의 길을 택했다. 그 이유는 일본에 올 때 생각한 훌륭한 개발자가 되는 꿈을 이루기 위해서다. 그러기 위해서는 좋은 기업에서 유능한 인재들과 함께 일하는 경험을 쌓아야 한다고 판단했기 때문이다. 내가 선택한 그 길이 지금 현재는 프리랜서를 하지 않아도 될 만큼의 좋은 환경으로 이끌어 주었다고 생각한다. 세상에는 맞는 길, 틀린 길이란 없다. 돌다리를 두드려 보고 건너든, 건너다가 물에 빠져 다시 건너든 강을 건너려는 목표만 뚜렷하다면 강을 건널 수 있을 것이다. 또 여러 번 실패하며 가지게 된 노하우는 다른 강을 건널 때 도움이 될 것이다.

통계와 정보
일본 평균 연봉 수준

"일본 사람들은 얼마나 벌까?"

일본 국세청의 민간인 급여실태 조사를 보면, 2019년 일본인의 평균 연간수입은 436만엔(환율1100원 기준, 한화로 약 4800만원) 정도이고 10년 정도의 추이는 다음표와 같다.

평균 연수입 436만엔을 버는 인구의 비율(400만엔~500만엔)은 전체의 약 15%이다. 또한 평균 연수입 436만엔 이상을 버는 인구(400만엔~2500만엔)의 비율은 45.76%에 해당한다.

일본에서 직장을 다니게 되고 월급명세서를 받아본다면 세금에 대한 부분이 조금 부담스럽게 느껴질 수도 있다. 일본은 한국보다 세금이 비교적 높고, 주민세가 상당 부분을 차지한다. 당연한 이야기지만 연봉이 높을수록 세금을 내는 비율이 더 높아진다. 다음 표에서 연수입 당 어느 정도

일본 국세청 민간 급여 실태 조사에 따른 평균연수입의 추이

	평균연수입	전년대비율
2019년도	436만엔	-1.0%
2018년도	441만엔	2.0%
2017년도	432만엔	2.5%
2016년도	422만엔	0.3%
2015년도	420만엔	1.3%
2014년도	415만엔	0.3%
2013년도	414만엔	1.4%
2012년도	408만엔	-0.2%
2011년도	409만엔	-0.7%
2010년도	412만엔	1.5%
2009년도	406만엔	-5.5%
2008년도	430만엔	-1.7%
2007년도	437만엔	0.5%

[자료 출처] CLABEL: https://clabel.me

평균연수입 436만엔의 실수령액과 소득세와 주민세

내역	금액
연수입	436만엔
소득세	10.5만엔
주민세	21.0만엔
사회보험, 연금	53.5만엔
연간 실수령액	350만엔
월간 실수령액	29.2만엔

[자료 출처] CLABEL: https://clabel.me

의 세금을 내야할 지를 계산해 볼 수 있다.

일본 평균 연수입 436만엔의 비율

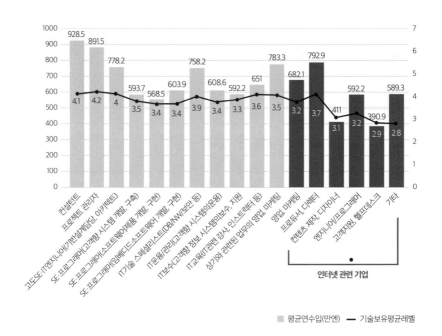

[출처] 일본 경제산업성 : https://www.meti.go.jp

위의 표는 IT 관련 산업 직종별 급여수준 실태를 나타내고 있다. 어느 직종에서 어느 정도의 기술 레벨이 필요한지에 대해서도 대략 알 수 있다.

오늘도 도쿄로 출근 합니다.

아래의 표는 아시아권 국가들에서 일하는 IT 업계 인재들의 평균 연수입들을 비교해 볼 수 있는 그래프이다. 한국과 일본을 살펴보면, 일본이 한국보다 1000만 원 가량 높은 수준을 보이고 있다. 하지만 일본이 한국보다 세금에 대한 부분이 더 높기 때문에 평균 실수입에서는 큰 차이가 없을 것으로 추정된다. 그 밖에 IT 인재의 평균 연수입이 국가의 산업 평균 연수입에서 어느 정도를 차지하는지도 확인할 수 있다. 참고로 인도나 인도네시아의 경우, IT 업계 종사자의 임금이 다른 사업에 비해 10배 가까이 차이가 나는 것이 두드러진다.

일본 IT인재의 평균연수입과 다른 국가간의 평균연수입 비교

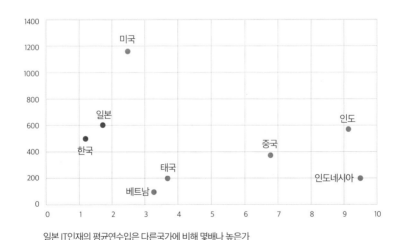

일본 IT인재의 평균연수입은 다른국가에 비해 몇배나 높은가

[출처] 일본 경제산업성 2016년 조사

도쿄에서 개발자로 살아가기

- 일본에서 IT인재는 아주 많이 부족할 전망으로, 기업에 있어 인재 채용은 지금부터 경쟁이 격화될 것으로 예측된다.
- 현재상태로서도 "중도/신입채용에서 좋은 인재를 채용하고 싶지만, 원하는 인재를 채용할 수 없다" 라는 IT벤더 회사들의 비율이 높고, 인재채용 활동에 있어서도 회사가 원하는 인재를 생각대로 채용할 수 없는 것은 큰 과제로 대두되고 있다.

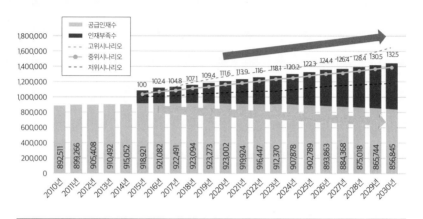

[출처] 경제산업성 - IT인재의 최신동향과 장래추계에 관한 조사결과 (2016년6월)

일본 기업 중에서도 IT 업계의 부족한 인재 현황을 나타내는 그래프이다. 좋은 인재를 채용하고 싶지만 원하는 인재를 채용할 수 없는 비율이 높고, 앞으로 기업들의 IT 인재채용 경쟁은 심화될 것으로 예상된다.

오늘도 도쿄로 출근 합니다.

IT관련산업의 급여등에 관한 실태조사결과/IT인재의 수급전망

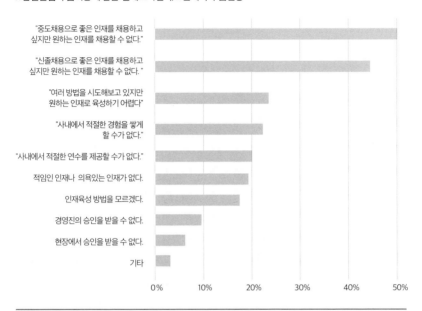

[출처] 경제산업성 - IT인재의 최신동향과 장래추계에 관한 조사결과 (2016년6월)

도쿄를 시작으로
더 큰 세계로 나아가기

신동민
(20대 / 남자 / 스타트업 Director of Strategy)

유년 시절을 일본에서 보냈고 학부 생활을 하면서 다시 일본과 연을 맺었다. 아마 유년시절의 좋았던 기억이 일본으로 다시 이끌게 한 것 같다. 학부 재학 중 영국과 네덜란드에서 공부를 하기도 했다. 대학을 졸업한 후에는 일본에서 컨설팅 회사에 취직해 경력을 쌓았다. 현재 학부 시절의 스타트업 경험을 살려 비지니스의 최전선인 스타트업에 뛰어들었다.

Time Line

2012 일본 와세다대학교 문화구상학부 입학
2013-2015 군복무 (일본어 어학병)
2017-2018 네덜란드 Utrecht대학교 경제학부 교환학생
2019 일본 와세다대학교 문화구상학부 졸업 및
　　　미국계 경영 컨설팅 회사 입사
2020 일본계 전략 컨설팅 회사 입사
　　　현재 한국계 스타트업 (매스프레소 재팬) 재직 중

Contact

E-mail: sdmmin2425@gmail.com
LinkedIn: www.linkedin.com/in/
　　　dongmin-shin
Facebook: LuvManCity
Instagram: tony_shin_jp

일본에서
대학생으로 살아가다

━━ ● 인생 제2막의 시작

내 인생의 제2막이 되어준 일본, 도쿄에서의 대학 생활에 대해 이야기 하려한다. 끝이 보이지 않을 것 같던 수험생활이 끝나고 달콤한 해방감을 안겨준 대학 합격 소식. 남들보다 공부를 열심히 하지 않아 부모님의 걱정이 많았던 탓에 원하는 대학에서 온 합격통지서는 구세주 같은 존재였다. 하루빨리 교복을 벗고 어른이 되고 싶다고 노래를 부르던 나의 도쿄대학 생활은 어땠을까. 결론부터 이야기하자면 잃은 것 보다 얻은 것이 훨씬 많았던 것 같다. 특히 다른 곳에 비해 다소 자유로웠던 학교 분위기 덕에 20대 초반을 나만의 방식으로 행복하게 보낼 수 있던 것 같다.

대학 생활에 대한 구체적인 이야기를 하기 전에 일본 대학 입시에 대해 궁금한 분들을 위해 먼저 짚고 가려고 한다. 학교마다 규정은 다르지만 일본에서 중·고등학교 교육을 받지 않은 사람들은 대부분 외국인 전형으로 지원을 하게 된다. 일본 대학 입시의 특징 중 하나는 학교마다 또 학부마다 입시요강이 다르다는 점이다. 이를테면 본고사라고 칭하는 각 학교에서 직접 치르는 필기시험의 경우, 학교마다 학부마다 그 일정과 내용이 다르다. 그렇기 때문에 일본 대학 입시를 준비한다면 본인이 희망하는 학교와 학부까지 세밀한 계획을 짜는 것이 중요하다. 또 입학시험을 치르기 위해 대부분 관광 비자로 일본을 방문하기 때문에 현실적으로 가능한 시간을 정해 일정을 세우는 것이 필요하다. 학교와 학부별로 입시요강이 다르다는 것과는 별개로 한국의 수능시험과 같은 공통시험 성적을 학교에 제출해야 한다. 외국인 전형으로 입시를 준비하는 학생들에게는 EJU라는 시험 성적이 요구된다. EJU는 연 2회 6월과 11월에 실시된다. 같은 학교일지라도 학부에 따라 EJU 시험 점수 제출 유무 및 과목이 달라질 수 있기에 자신이 지원하고자 하는 학교 뿐 아니라 학부마다 모집 요강을 꼼꼼히 체크할 필요가 있다. 수험 과목은 크게 일본어, 수학 그리고 이과 또는 문과 과목으로 분류된다. 일본어와 수학은 문·이과 상관없이 공통이지만 이과인 경우는 한국 수능과 같은 과학 탐구 영역에서 2과목을 택하고, 문과인 경우는 사회 탐구 영역을 치르게 된다. 또한 EJU 성적이 우수할 경우, 학교 입학 후에 월 48,000엔씩

JASSO* 장학금을 수령할 수 있다. 수능보다 과목 수가 적고 난이도가 어렵지 않기에 공부하는 시간을 절약할 수 있지만 이 모든 전제 조건은 일본어로 읽고 쓰기가 능숙해야 한다는 점이다. 일본어 실력이 유창하지 못하다면 비록 수능보다 쉬운 EJU이지만 일본어가 발목을 잡을 수 있으니 유의할 필요가 있다.

시험은 일 년에 두 번, 6월과 11월에 치르는 데 보통 6월 성적이 잘 나온다고들 한다. 이유는 절대평가가 아닌 상대평가 시험이기 때문이다. 입시 막바지인 11월은 수험생이 많이 몰리고, 6월에 시험을 봤던 학생들도 시험을 한 번 더 치르기에 경쟁률이 높아지는 셈이다. 여기까지만 보면 일본 유학 준비가 그리 어려워 보이지 않는다. 하지만 모든 입시에서 중요한 것은 언제나 정보력이다. 스케줄 관리부터 학교별, 학부별 입시 요강과 기출 문제, 그리고 대책 요령까지 일본유학을 혼자 준비하기에는 벅찰 수 있다. 때문에 많은 학생들이 유학원의 도움을 받는다. 유학원에서 공부하는 것이 혼자 하는 것보다 나을 것이라는 의미가 아니다. 미처 확인하지 못한 정보로 원하는 대학에 합격하지 못하는 안타까운 일을 방지하고자 정보제공 차원에서 유학원이라는 효율적인 수단을 동원하는 게 도움이 될 것이라는 이야기이다.

* 문부과학성 사비 외국인 유학생 학습 장려비

정들었던 교복과의 작별, 그리고 20살에 시작한 모험과의 만남

한국과 같은 아시아권이라 비슷하지만 다른 일본 대학교의 수업방식을 소개하려고 한다. 정원이 몇 백 명이나 되는 큰 강의의 경우 출석 카드를 작성한다. 강의마다 제각각이지만 지각생 단속을 위해 수업 시간 10분 경과 후에는 출석 카드를 수령할 수 없거나 도중에 나가는 학생을 방지하고자 수업 종료 직전에 출석 카드를 나눠주는 일도 있다. 또 수업 내용을 제대로 들었는지 확인하기 위해 수업 내용에 대한 의견을 적게 하는 등 방법도 다양하다. 그리고 앱을 사용하여 출석을 확인하는 경우도 드물게 있다.

학부나 강의마다 다르지만 시험으로 성적을 평가하는 수업의 경우, 토론이나 발표보다는 지정 도서나 논문에 대한 교수님의 설명이 주를 이룬다. 반면 리포트 위주로 성적을 평가하는 수업에서는 단순한 지식 전달보다는 그룹을 만들어서 토론을 하거나 의견을 교환해 진행하는 편이다. 본인이 어떤 스타일을 선호하는지에 따라 수업을 골라서 들으면 좋을 것 같다. 그리고 학교마다 차이는 있지만 온라인으로 진행하는 수업도 적지 않다. 정해진 기간 안에 수업을 듣고 과제를 잘 제출한다면 대면 수업보다 성적은 잘 나오는 경향이 있다.

오늘도 도쿄로 출근 합니다.

출처: http://koseishinro.com/tutor/2645/

비교적 자유로운 학풍을 추구했던 나의 학교는 특히나 사상과 교육의 자유를 중시했다. 때문에 배움의 자유를 만끽할 수 있었다. 나는 문화구상 학부였고, 전공은 사회구축학과였다. 언뜻 봐서는 추상적이고 난해한 학문처럼 보일 것이다. 쉽게 말하면 학생이 스스로 전공을 만들어가는 것이라고 보면 된다. 다른 학부들과 달리 전공필수 수업도 거의 없다시피 했지만 그 수업들조차 나의 관심사에 맞춰 내가 자유롭게 선택할 수 있었기에 지루지 않았고, 수업 시간에도 적극적으로 임할 수 있었던 것 같다.

물론 학교나 학부마다 전공 필수 과목과 교양 과목에 요구되는 이수 학점이 다르지만 대체로 문과인 경우에는 30~40% 정도가 전공 필수 과목이고, 이과의 경우에는 많으면 60~70%까지 전공 필수 과목을 수강해야 한다. 필수 과목 안에서도 수업 과목과 수강 시기까지 정해진 경우가 있는가 하면 여러 선택지 중에서 선택할 수 있는 비교적 자유로운 곳도 존재한다. 나의 경우 사회학, 정치학, 문학, 철학 같은 인문학 위주의 수업을 들었다. 수업에서 만난 대부분의 학생들이 사회문제에 관심이 많았던 터라 나에게 많은 자극이 되었다. 그리고 그 친구들과 함께 봉사활동 같은 다양한 야외활동을 하고, SNS를 통해 지속가능한 개발에 대한 정보도 공유하면서 함께 성정할 수 있었다. 또 대학 친구들과 더불어 지금까지도 나의 든든한 지원군이 되어주신 지도 교수님 덕분에 생각하는 폭을 넓힐 수 있었고 내 인생의 방향을 올바르게 잡아갈 수 있었다.

오늘도 도쿄로 출근 합니다.

일본 대학생활의 꽃, 동아리 활동

대학교뿐 아니라 초·중·고등학교에도 동아리 활동이 있다. 그중에서도 일본에서의 동아리 활동은 남다른 특색을 지니고 있다. 가장 큰 특징은 학생들의 대학 생활에 있어서 동아리 활동의 비중이 한국에 비해 크다는 것이다. 많은 시간을 들이는 것은 물론 심지어 동아리 활동을 하느라 중요한 시험이나 발표에 불참하는 경우도 있다. 한국에서 태어나고 자란 나에게 있어서 그런 모습들은 너무 큰 충격으로 다가왔다. 1학년 때 춤 동아리와 연극 동아리에 가입해 활동한 적이 있었다. 나에게는 취미활동이었지만 다들 프로 데뷔를 목표로 하는 것처럼 열정적으로 임하는 모습에 깜짝 놀랐다. 친구들 중에는 동아리 연습만으로는 부족하다고 생각해 사설 학원에서 따로 강습을 받기도 했다. 학교 동문회 모임에 참석하면 출신 학부를 묻기 보다 어떤 동아리에서 활동했는지에 더욱 관심을 보일 정도였다. 또 학교마다 규모는 다르겠지만 우리 학교의 경우 한국인 유학생 수가 많아서 관련 커뮤니티의 규모 또한 큰 편이었다. 전공과 상관없이 사람들과 어울릴 수 있는 좋은 기회였던 것은 분명하다. 동아리 뿐 아니라 커뮤니티를 통해 만나는 사람들이 졸업 후에도 인연으로 이어지는 경우가 많으니 적극적으로 동참하면 좋을 것이다.

일본에서
직장인으로 살아가다

▬ ● 해외유학 중 일본 취업 준비하기

　네덜란드에서 교환 학생으로 생활하던 대학교 3학년 때, 운좋게도 여러 회사들로부터 합격 소식을 받을 수 있었다. 처음부터 컨설팅 회사를 위주로 취업 준비를 하였고 그중에서 비교적 이른 시기에 합격한 곳이 글로벌 경영 컨설팅 회사 중 하나인 Deloitte, KPMG였다. 생각했던 것보다 이른 시기에 좋은 소식을 접할 수 있었기에 마음의 짐을 조금이나마 덜어낼 수 있었던 것 같다. 하지만 하고 싶은 일, 가고 싶은 회사가 많았기에 졸업 직전까지 여러 회사에 지원하여 선택지를 넓혀나갔다. 열심히 준비한 결과, IBM을 비롯한 글로벌 IT 회사들로부터도 취업 기회를 얻었다. 하지만 최종적으로는 IQVIA (전 IMS Health) 라는 미국계 컨설팅 회사의 도쿄 오피스에 취직하기로 결심했다. 그렇게 나는 가장 짧으면서도 긴 취업 준비의 마침표를 찍었다.

일본의 경우, 외국계 기업과 일본 기업의 신입 공채 선발 시기가 다르다. 외국계 기업은 대개 학부 3학년 또는 석사 1학년 여름 방학 기간 동안 인턴십 성과 평가를 바탕으로 추가 면접을 실시하여 그 해 연말이나 겨울에 채용을 마무리한다. 하지만 모든 외국계 기업의 채용 기회가 3학년에만 있는 것이 아니니 그 시기를 놓쳤다고 단념할 필요는 없다. 반면 일본 기업은 4학년 1학기가 시작할 무렵인 4~5월부터 서류 전형 및 면접 절차가 진행된다. 일본에서 가장 활발한 채용 절차가 이뤄지는 기간인 만큼 일본에 머물며 취업 준비를 하는 것을 추천한다.

나는 3학년 2학기부터 1년 동안 교환학생을 떠났다. 일본에서의 취업 준비에 차질이 생길 수 있었지만 나름대로의 해결 방법을 찾았고 결국에는 합격 소식을 얻었다. 나의 방법을 공유하자면 외국계 기업의 경우, 세계 각지에 사무실을 두고 있기 때문에 최종적으로 일하게 될 곳이 일본일지라도 세계 어디에서나 면접이 가능하다. 실제로 미국계 컨설팅 회사의 경우, 내가 네덜란드에서 교환학생을 하던 기간에 파리와 런던 사무실에 재직 중인 직원 분들과의 면접을 진행해주었다. 굳이 일본에 가지 않고 네덜란드에서 최종 합격을 받아낼 수 있었다. 그리고 해외에 있는 인재들을 고용하기 위한 대규모 취업 박람회인 Career Forum*이 매해 보스턴, 샌프란시스코, 런던, 상하이 등 세계 각지에서 개최되기 때문에 본인이 물리적으로 떨어져 있다고 해도 취직 준비를 하는 데 있어서 크게 문제 될 것이 없다. 각 도시별 취업 박람회의 시기가 다르니 본인의 유학 대상 국가 및 시기를 고려해 전략을 짜는 것이 중요하다.

━● 직장인으로서의 첫걸음

나의 첫 시작은 미국계 컨설팅 회사였다. 그중에서도 헬스케어 분야를 담당하여 제약회사나 의료기기회사의 경영전략을 도와주는 일을 도맡았다. 이유는 단순했다. 전 세계를 무대로 비즈니스를 펼치는 회사, 다양한 구성원이 있고 짧은 기간 안에 수많은 업무를 배울 수 있는 환경, 사회적으로 많은 영향을 줄 수 있는 분야 등 여러 기준에 부합되었기에 이 회사를 선택했다. 외국계 회사라 일하는 방식에 대해 아무도 지적하지 않고, 사소한 업무도 제약 없이 굉장히 자유롭게 할 수 있었다. 하지만 이런 자유에는 항상 책임이 따른다. 그 누구도 내가 먼저 다가가지 않으면 아무것도 가르쳐주지 않는다. 즉, 필요하면 본인이 스스로 움직여서 쟁취해야 하는 환경, 그렇지 않으면 순식간에 남들보다 도태되는 환경이 나에게는

* https://careerforum.net/en/

오늘도 도쿄로 출근 합니다.

자극이 된 것 같다. 여러 동료들과 다양한 프로젝트를 같이 일하면서 느꼈다. 컨설턴트로 성공한다는 것은 엑셀이 빠르거나 자료를 멋지게 만드는 것이 아닌 상대의 마음을 움직일 수 있는 힘을 가지는 것임을 배웠다. 고객 앞에서는 사실을 기반으로 한 정확한 분석과 남들과 다른 창의적이고 깊은 사고의 결과물을 논리적으로 전달해야 한다. 누가 봐도 완벽하고 고객마저 감탄하는 결과물이어도 그들의 마음을 사는 것은 차원이 다른 이야기였다.

컨설팅 업계에 있으면서 일본 기업 문화에 답답해하는 나를 발견하게 되었다. 회사 내부에서도 그렇지만 외부 인사들과의 회의나 안건 진행 상황에 대한 문의 메일을 보내면 답변이 오는데 최소 1~2주가 걸렸다. 특히 인수합병처럼 큰 자본이 움직이는 경우에는 여러 이해 관계자들과의 협업이 필요하기에 시간이 배로 걸렸다. 중요한 계약인 만큼 확실하게 살펴보고 진행을 해야 하지만 일본 특유의 세심하고 꼼꼼한 문화가 실무자 입장에서 많이 답답했던 것이 사실이었다.

▬ ● 나에게 있어 직장과 일이란?

학부를 졸업하고서 직장인이 된 나 자신을 되돌아보며 내 인생에 있어서 '직업'과 '직장'이란 무엇인가를 곰곰이 생각하게 되었다. 개인적으로 직업은 내 자아를 표출하는 수단이고, 직장은 그것을 가능하게 하는 환경이라고 생각한다. 나에게 있어서 자아란 '나의 힘으로 세상을 더 좋은 방향으로 바꾸어나가는 것, 또는 그렇게 되도록 영향을 미치는 것.'이라고 생각한다. 그래서 큰 규모의 프로젝트를 다루고 사회에 직·간접적으로 영향을 주는 컨설턴트를 직업으로 택하게 되었다. 그리고 직장도 컨설팅 전문회사로 정하게 되었다.

또한 수많은 산업 중에서도 헬스케어 및 에너지 업계를 담당 영역으로 택한 것 역시 이 분야가 우리 사회와 일상생활에 밀접하게 관련되어 있다고 생각했기 때문이다. 실제로 입사 후, 담당했던 고객들은 해당 산업에 있어서 손꼽히는 대기업들이었으며 그들과의 프로젝트는 시장의 판도에 영향을 미치는 큰 규모의 의사결정들이었다. 내가 참여했던 프로젝트와 관련해 막중한 사명감을 갖고 임했던 일상들이 큰 만족으로 다가왔다. 그리고 컨설팅 회사에 입사하길 잘했다고 생각했다. 일과 직장에 대해 조금 더 친숙한 개념으로 비유하자면 요리라고 할 수 있을 것 같다. 내가 먹고 싶은 음식이 내 인생에서의 목표가 되고, 그것을 달성하기 위한 과정 즉, 요리하는 행위가 직장에서의 일에 해당되며 요리를 하는 장소인 부엌이라는 공간이 직장에 해당된다고 생각한다.

또 다른 도전, 스타트업

  짧고 굵었던 컨설팅 업계에서의 경험을 뒤로 하고, 새로운 도전을 하고자 스타트업으로 뛰어들었다. 매일 야근을 하며 숨 가쁘게 달려왔던 지난 1년 반이라는 시간은 나에게 있어 잃은 것도 있었지만 그보다 더 많은 걸 얻었던 소중한 시간이었다. 통계 수치를 다루는 법, MS오피스와 친숙해지는 것, 논리적 사고 능력 및 효과적인 대화 방법 등 어느 곳에 가도 도움이 될 만한 피와 살을 얻은 것 같다. 이보다 더 중요한 것은 나의 뇌와 심장이 무엇에 강렬히 반응하는지를 알게 되었다는 것이다. 혼자서도 업무를 처리할 수 있도록 컨설팅 업계에서 일을 배우려 했고, 그것은 결과적으로 좋은 밑거름이 되었다. 하지만 늘 무언가 부족하다는 생각이 내 안에 존재했다. 이런 생각들이 조금씩 짙어지는 과정에서 이직을 준비하게 되었다. 업계의 여러 회사들을 조사하고 이야기를 나누는 과정에서 스타트업이 내 시야에 들어왔다. 그러고 보면 일본과 네덜란드에서 스타트업 초창기 멤버로 일했던 학부시절, 나는 밤낮 가리지 않고 즐겁게 또 열심히 일했다. 그때의 좋았던 기억을 떠올리며 점점 '스타트업을 했던 그때로 돌아가고 싶다.'라는 생각을 하게 되었고 막연한 회상을 현실로 만들어야겠다는 의욕이 생겨났다. 그리고 결국 일본에 법인을 세운 한국계 EdTech 스타트업인 (주)매스프레소와 인연이 닿게 되었다. 한국에서 2015년부터 사

---

* https://mathpresso.com/ko

업을 시작한 매스프레소는 교육과 IT를 접목해 플랫폼을 만들고, 그것을 통해 누구에게나 공평한 교육의 기회를 제공하고자 하는 비전이 나를 이곳으로 끌어들인 것 같다. 앞으로 일본 시장을 개척해나가면서 나와 회사가 동시에 성장하는 시간들이 되었으면 한다. 매일 매일이 기대되는 부분이다.

세계화 시대,
어떻게 일본에서 살아갈 것인가

━ ● 자기소개는 국적이나 출신이 아닌 내 이름 석 자로

우리가 새로운 사람과 처음 만났을 때 꼭 하는 것이 있다. 그것은 바로 자기소개. 특히나 지역에 따라서는 나이, 국적, 출신학교 등 그 사람의 배경에 대해 설명을 한다. 하지만 나는 내 이름 석 자와 현재 하고 있는 일, 취미 정도만 가볍게 소개하는 편이다. 나이 이야기를 굳이 하지 않는 것은 나이가 많거나 적음에 의해서 생기는 선입견을 원치 않기 때문이다. 국적을 굳이 먼저 묻거나 밝히지 않는 것도 그러한 이유에서이다. 나라는 사람의 진짜 모습이 아닌 사회가 정해놓은 어떤 기준과 그에 대한 일방적 정의, 그리고 그것에 대한 사람들의 선입견 등으로 비춰지는 것에 대해 거부감이 들었던 것 같다.

이런 생각을 가지고 지내다보니 국적은 한국이지만 한국인처럼 행동하거나 한국인이라고 의식하며 지낸 적은 없는 것 같다. 그래서인지 실제로 '한국인이지만 한국인 같지 않다.' 혹은 '일본인 같으면서도 그렇지 않다.'라는 말을 종종 듣고는 한다. 정체성이 확립되기 전인 어린 시절부터 터전을 자주 옮겼던 환경적인 요인도 한 몫 한 것 같다. 한국에서는 우리말이 부자연스러운 한국인, 일본에서는 외국인, 1년씩 생활했던 영국과 네덜란드에서는 한국인도 일본인도 아닌 그저 외국인, 이런 삶을 살았기에 타인에게 군이 국적이나 출신을 의무적으로 이야기하지 않게 된 것이다. 그렇다고 군이 국적을 속이지도 않는다. 그냥 '어느 나라에서 얼마나 지내다 왔고, 이런 문화에 익숙하다.' 정도로만 간략히 소개를 한다. 내가 도쿄에서 만난 사람들을 보면, 초면에 출신이나 나이를 강제적으로 묻거나 통성명하는 일이 드물었다. 일본인 중에서도 유학파가 많아졌고, 외국인이어도 일본어가 유창한 사람도 많기에 의사소통만 된다면 상대방의 출신이나 배경에 대해 꼭 알아야 한다고 생각하지 않았던 것 같다. 국적불문하고 같은 나라 혹은 같은 지역 출신이라는 공통점이 더욱 친근감을 느낄 수 있게 하지만 예전보다는 출신에 큰 의미를 두는 사회적 분위기는 많이 사라진 것 같다.

도쿄에 국한되는 내용일 수 있지만 여기서 지내다보면 고정관념처럼 박혀있는 '일본인은 보수적이다'라는 인식이 점점 희미해지는 것을 느낄

오늘도 도쿄로 출근 합니다.

수 있다. 일본이라는 나라와 그 문화에 대한 자부심을 느끼며 그 모습을 지키려는 일본인들이 많은 것은 사실이다. 하지만 과거에 비해 외국인에 대한 관대한 모습도 볼 수 있다. 일본 또는 일본인에 대한 생각에 대해 강요하거나 설득하기 보다는 일본인이 아닌 사람들에게 비춰지는 자신들의 모습에 대해 솔직한 의견을 구하며 궁금해 하는 사람들이 많다는 것이다. 일본에 거주하는 외국인 입장에서 무조건적으로 일본의 관습이나 그들의 가치관에 따를 필요없이 자유롭게 자신만의 생활을 보낼 수 있다는 장점이 있는 것이다. 단순히 외국인 거주자의 숫자로 단정 지을 수는 없지만 도쿄 중심지 어디를 가더라도 외국인을 쉽게 볼 수 있으며, 다양한 국적과 인종이 섞여 사는 모습이 무척이나 자연스럽다.

결국 '나'라는 존재는 내 스스로가 정의를 내리는 것이다. 타인이 정해 놓은 사회적 척도를 통해 나를 표현하는 것이 편하기도 하지만 일본에서 생활하면서 그럴 필요가 없다는 것을 깨닫게 되었다. 어쩌면 사람들이 정해놓은 표현 방식이 진짜 나의 모습을 왜곡시킬 수도 있다는 생각이 문득 들었다. 어떻게 살아야 정답인지는 세상에 존재하지 않는다. 다만 큰 이변이 없는 한 지금 이 삶의 방식대로 앞으로도 살아갈 것이다.

통계와 정보
도쿄 내 살고 싶은 동네 순위

일상생활에 있어서 의식주 중에서도 빼놓을 수 없는 주거. 어느 나라에서 생활하는지도 중요하지만, 그것과 더불어 어느 도시에서 또한 어느 동네에서 지낼 것인지도 상당히 중요한 요소인 것 같다. 어느 도시나 그렇듯 도쿄 또한 기준은 다르지만, 많은 사람들이 선호하는 동네가 있기 마련이다. 어떤 사람들에게 어떤 동네가 인기가 많은지 통계 자료를 토대로 알아보려고 한다.

지하철역별 상위 5위 (일본 거주 외국인)

1. 表参道(오모테산도) : 쇼핑, 식당 등이 트렌디하며 스타일리시한 분위기를 자랑하는 지역

2. 麻布十番(아자부주방) : 대사관, 국제학교 등으로 인하여 외국인이 살기 편한 지역

3. 目黒(메구로): 고급 아파트, 편리한 교통, 좋은 주변 환경 등으로 인기가 많은 지역

4. 広尾(히로오): 대사관, 국제학교 등으로 인하여 외국인으로서 살기 편한 지역

5. 渋谷(시부야): 교통, 쇼핑, 음식 등 문화생활을 누리기에 편리한 지역

*GPlusMedia 부동산 정보 회사: 2019년 Realestate Japan 조사 기준

지하철역별 상위 5위(남성 편)

1. 吉祥寺(키치죠지): 남녀노소 불문하고 도쿄에서 인기 많은 지역. 주변에 공원 및 상점이 많으며 편리하고 좋은 분위기

2. 新宿(신주쿠): 교통, 식당, 상점가가 갖춰져 있어 생활하기 편리한 지역

3. 東京(도쿄): 편리한 교통 및 주변에 많은 상점과 상업시설이 갖춰진 비즈니스 지역

4. 品川(시나가와): 편리한 교통 및 많은 회사가 밀집해 있는 비즈니스 지역

5. 池袋(이케부쿠로): 교통, 식당, 상점가가 갖춰져 있어 생활하기 편리한 지역

*LIFULL HOME'S 부동산 정보 회사: 수도권 거주, 18~69세, 남성, 35,740 명, 2018년 조사 기준

지하철역별 상위 5위(여성 편)

1. 吉祥寺(키치죠지): 위 설명과 동일

2. 恵比寿(에비스): 편리한 교통 및 좋은 분위기의 레스토랑과 바가 많으며 이국 적인 분위기의 지역

3. 自由が丘(지유가오카): 예쁘고 아기자기한 분위기로 인기가 많은 지역

4. 中目黒(나카메구로): 인기 많은 레스토랑, 카페가 밀집해 있는 지역

5. 二子玉川(후타고타마가와): 좋은 주변 환경으로 인하여 생활하기 쾌적한 지역

*LIFULL HOME'S 부동산 정보 회사: 수도권 거주, 18~69세, 여성, 34,260 명, 2018년 조사 기준

오늘도 도쿄로 출근 합니다.

프리랜서가 되기 위한
도쿄생활

노은정
(30대 / 여자 / 회사원, 한국어 선생님)

스물여섯, 어린 시절의 간절한 꿈을 이루었지만 좌절을 경험하고 일본으로 도피 유학을 떠났다. 그 후 구체적인 계획 없이 눈 앞의 일에만 최선을 다하는 삶을 살다 책을 읽게 되고 글을 쓰게 되고 이렇게 책까지 내게 되었다. 한국 영화와 일본 영화, 와인과 맥주, 산책을 좋아하고 혼자서도 잘 먹고 잘 사는 법에 관심이 많다. 앞으로는 어디에도 소속되지 않은 성공한 프리랜서가 되어 하고 싶은 일을 다 하면서 사는 것이 목표이다.

Time Line

2008 일본으로 건너 옴
2010 일본어 학교 졸업
2012 일본 전문학교 졸업 / 한국어 선생님 시작
2013 일본회사 회계 팀으로 입사
2015 한국회사 일본법인 회계 팀으로 이직
2020 프리랜서가 되기 위한 준비 중

Contact

Instagram: daybreak.dream
brunch: @kawaeenonjjang

두 개의 직업

지금 하는 일을 좋아하세요?

대부분의 사람들은 좋아하는 일을 하면서 생계가 유지되길 희망할 것이다. 하지만 현실은 좋아하는 일을 하면서 사는 사람보다 그렇지 않은 사람이 더 많지 않을까? 나 또한 꼭 하고 싶은 일이 있어 일본에 온 것이 아니었다. 그렇기 때문에 막막했던 그때 그 시절의 나처럼, 현재 일본 유학이나 취업을 고민하는 사람들에게 이렇게 말해주고 싶다. 일단 무엇이든지 시작해 보라고. 앞으로 무엇을 해야 할지 모르겠다면 더더욱 여러 가지 일에 도전해 보았으면 한다고.

"회사 다니면서 수업까지 하면 언제 쉬어요? 힘들지 않아요?"

내가 회사원인 동시에 한국어 선생님이라고 하면 꼭 돌아오는 질문이다. 먼저 이 질문에 답을 하자면, 두 개의 직업이 오히려 삶에 활력을 주어서 더 즐겁다는 것이다. 내가 두 개의 직업을 갖게 된 이유는 크게 두 가지이다. 하나는 '계속 즐기며 일하기 위해서는 좋아하는 일을 본업으로 두지 말자'라는 경험에서 비롯한 생각과 '한 가지의 경쟁력을 갖춘 사람보다 여러 경쟁력을 갖춘 사람이 되자'라는 생각 때문이다.

일본에 오기 전, 나는 한국에서 영화 제작부로 4년간 일했었다. 어렸을 때부터 꿈꾸고 바랐던 일로, 영화를 좋아하고 활동적인 것을 좋아하는 나에게 딱 맞는 일이라 생각했다. 하지만 4년 동안 내가 참여한 상업 영화라고는 잘 알려지지도 않은 영화 딱 한 편 뿐이다. 결과야 어찌 됐든 난 내가 좋아하는 영화 분야에서 잘 풀리지 않았고 급기야 지치기 시작했다. 좋아하고 열정이 가득해 천직이라고 생각했지만 어느 순간부터 회의감이 들었다. 평생 영화일을 하겠다고 다짐했던 마음에서 점점 멀어져 갔다. 꿈을 일찍 이뤘던 나는 그 꿈을 일찍 잃어버리고 말았다. 그래서 일본으로 도피 유학을 오게 되었다. 주변 환경을 바꾸고 싶었고 현실을 회피하고 싶었다. 일본이라는 나라에 대해서는 딱히 고민하지 않았다. 사실 다른 후보가 있었던 것도 아니었다. 영화 중에서도 특히 일본 영화를 좋아했고 일본어에 관심이 많았기에 일본이라는 나라에 가서 살아 보고 싶었다. 어쩌면 나도 모르게 그런 마음이 계속 자리 잡고 있었는지도 모르겠다.

▬ ▬ ● 우연히 시작하게 된 한국어 선생님

한국어를 가르치게 된 것은 정말 우연한 기회였다. 일본에 온 지 일 년 도 채 지나지 않은 어느 날, 나는 언어교환 모임에서 만난 일본인 친구와 모국어를 가르쳐주는 교환 수업을 하게 되었다. 그 친구는 내가 해주는 설명이 여느 한국어 학원의 수업보다 알기 쉽다며 잘 가르쳐 줘서 고맙다 고 했다. 매번 듣는 칭찬으로 기분이 좋았다. 하지만 지금 이대로의 내가 한국어를 가르쳐도 괜찮은지에 대한 의문이 들었다. 그것이 계기가 되었 던 것일까? 나는 좀 더 체계적으로 한국어를 알리고 싶었다. 언어를 전공 하지도, 한국어 교육에 대한 지식도 없었지만 열정 가득한 마음으로 일본 어 공부와 더불어 한국어와 한국어 교육에 대해서도 공부하기 시작했다. 이는 한국어 교원 자격의 연수로 이어졌고, 일본어 학교 학생의 신분으로 서 자격 외 활동 허가를 받아 한국어 학원의 강사로 정식 수업도 가능하 게 되었다.

한국어 수업은 일본어 학교를 거쳐 전문학교를 졸업할 때까지 4년간 계 속 이어졌다. 내가 가진 몇 안 되는 지식을 다른 사람들에게 나누어 줄 수 있는 이 일이 너무 즐겁고 좋았기 때문이다. 그리고 전문학교를 졸업하고 취업 활동을 하게 되었을 때 학원 선생님의 제안으로 본격적으로 한국어 선생이 되었다. 지금까지 선생님이라는 직업을 한 번도 생각해 본 적이 없었지만, 우연한 기회에 의외의 적성을 발견했고 앞으로도 즐겁게 일할 수 있으리라 생각했다. 하지만 현실은 달랐다. 졸업하고 취직한 한국어 학원 생활은 아르바이트로 했던 한국어 수업만큼 마냥 즐겁지만은 않았다. 매일 똑같이 반복되는 일상이 지겨웠다. 빡빡한 수업 스케줄로 여유가 없었는데 그만큼의 보상 또한 따라주지 않았다. 수업에 대한 의욕이 사라지고 있었다.

일본에 막 왔을 때였던 일본어 학교 작문 시간의 일이 생각났다. 〈취미를 직업으로 하는 것에 대한 찬반 토론〉이라는 주제로 글을 쓴 적이 있다. 난 영화라는 취미를 직업으로 삼은 뒤, 직업을 잃고 취미까지 잃은 경험을 바탕으로 반대의 입장에서 글을 썼다. 좋아하는 일은 직업이 아닌 취미로 두고, 차후의 것을 직업으로 한다면 일과 취미, 두 분야의 균형을 맞출 수 있지 않을까 하는 생각을 했다. 그런데 또 좋아하는 일을 직업으로 삼아버린 똑같은 실수를 반복하고 있었다.

결국 수업 스케줄과 보상 문제 등 여러 부분에 있어 원장선생님과의 의견 조율을 이루지 못한 채 학원을 갑작스럽게 그만두게 되었다. 일본에서의 생활을 유지하기 위해서는 또다시 취직을 해야 했다. 한국어 학원에 소속되고 싶지 않았기 때문에 전문학교 전공에 따라 일반 사무직으로 취업 활동을 했다. 그러면서도 학원 수업 외에 담당하고 있던 한국어 수업은 계속 유지했다. 취직한 후에도 한국어 수업을 병행하며 일하고 싶었기 때문이었다. 그러기 위해서는 부업이 가능한 회사를 찾아야 했다. 부기 자격증을 인정받아 무역회사의 회계 사무직으로 취직하게 되었다. 그렇게 나는 두 가지의 직업을 가진 '투잡러'가 되었고, 지금은 경험과 경력이 쌓여 경쟁력 있는 '프로 투잡러'라고 자칭하기도 한다.

■ ■ ● 투잡러가 되기 위해 주의해야 할 점

일본에서의 나의 취업 이력은 한국어 학원 한 곳과 일반 회사 두 곳이다. 한국어 학원의 경우, 그 전부터 해 오던 개인 수업은 할 수 없게 되었지만 지역사회 주관의 한국어 단체수업은 허용되는 곳이었다. 일반 회사의 경우에도 두 곳 다 부업이 가능한 회사에다가 동일한 재류 자격이었기 때문에 기존의 한국어 수업이 문제가 되지 않았다. 하지만 부업을 유지하기 위해서는 회사와 회사 동료의 도움이 필요하다. 수업이 있는 날에는 정시퇴근이 보장되어야 하고, 긴급한 일이 생겼을 때는 수업에도 회사 업무에도 지장이 없게끔 조정해야 할 일이 생기기 때문이다. 나는 입사 면접에서부터 수업이 있는 날인 토요일 출근 및 수요일의 잔업은 절대 불가능하다는 사항을 재확인 받았고 회사 사람들에게도 알려 놓았기 때문에 오히려 수요일의 퇴근 시간이 다가오면 나의 퇴근을 챙겨주는 사람까지 있었다.

내가 취업 활동할 당시에는 부업이 가능한지 확인할 방법이 없어 회사에 직접 문의를 해야 했다. 그런데 요즘에는 부업을 허용하는 회사가 많아졌고 심지어 장려하는 회사도 생겼다. 그리고 매주 수요일은 잔업 없는 날(ノー残業デー)이라고 해서 정시퇴근이 자연스러운 현상이 되었다. 그렇다고 일본의 모든 회사가 다 허용한다는 이야기는 아니다. 그리고 부업이 가능한 회사라고 해도 외국인이기 때문에 비자 문제를 빼놓을 수 없다. 나의 경우, 인문지식 비자로 일반 사무직 업무와 한국어 수업이 같은 계열이기 때문에 비자 분류상 활동의 제약은 없지만 소속기관이 아닌 곳에서 활동할 때는 별도의 자격 외 활동 허가가 필요하다. 한국인이라고 아무나 할 수 있는 것은 아니지만, 혹시 부업으로 한국어 수업을 생각한다면 재류 자격에 따른 제한도 있으니 본인의 재류 자격 및 비자 문제를 잘 알아보길 바란다.

▬▬ ● 슬기로운 투잡러 생활

난 일본 사회 초년생 때부터 두 가지의 일을 해 왔다. 부업인 한국어 선생님이 본업인 회사원보다 먼저였고, 부업 때문에 회사의 눈치를 봐야 하는 일도 거의 없었기에 이제 막 부업을 시작하려는 다른 사람들보다 수월한 시작이었다고 할 수 있다. 하지만 이런 나라도 본업과 부업 두 가지 일을 동시에 해내기란 쉽지 않다. 포기해야 할 것도 많고, 신경 쓰고 관리해

오늘도 도쿄로 출근 합니다.

야 할 것도 많다. 하지만 나에게는 단점보다 장점이 더 크게 다가온다. 예를 들면, 아무리 지쳐도 퇴근 후 한국어 수업을 하면 몸이 한결 가벼워져 있는 경우가 많았다. 오죽했으면 수업으로 스트레스를 푼다고 말할 정도이다. 그리고 두 가지를 다 잘 해내기 위해 끊임없이 공부해야 한다는 점도 나에게는 긍정적으로 작용하고 있다. 나의 경쟁력은 물론 금전적으로도 많은 도움이 된다는 것을 무시할 수 없다. 무엇보다 한국어를 배우는 학생 한 사람, 한 사람과의 관계 속에서 유대감이 형성되는 것이 가장 큰 장점이라고 할 수 있다. 또 좋아하는 한국어 수업을 본업으로 두지 않았기 때문에 직업으로 가졌을 때만큼 지루하거나 싫어지지 않았고, 계속 좋아할 수 있었다. 금전적인 부분과 비자 문제 등 현실적 상황을 고려한 회사원이라는 직업, 또 즐거움과 보람이 있는 한국어 선생님이라는 직업이 균형을 이루고 있는 지금의 생활이 너무나도 만족스럽다.

성공학에 관련된 책을 보면, 좋아하는 일을 직업으로 삼아 몰입하고 즐기다 보면 성공에 가까워져 가는 본인을 발견할 수 있다고 한다. 물론 자신이 좋아하는 일에서 즐거움을 찾고 두각을 나타낼 수 있다면 하나의 일에 집중하고 몰입하는 것에 적극 찬성이다. 하지만 주변을 둘러보면 목표 의식이 명확해 즐거운 표정으로 출퇴근하는 사람보다 무표정으로 무의식적인 출퇴근을 하는 사람들이 더 많아 보인다. 일본에서 무엇을 해야 할지 고민이라면 여러 가지 일에 도전해 보고, 가능하면 두 가지 일을 병행해 보라고 하고 싶다. 내가 그랬던 것처럼 의외의 곳에서 나의 소질을 발견할 수도 있고 내가 몰랐던 나를 찾을 수 있을지도 모르니까 말이다.

요즘 방송에서는 본캐(본래의 캐릭터)와 부캐(부 캐릭터)가 유행이다. 마치 본캐는 본업을, 부캐는 부업을 뜻하는 것 같은 느낌이 든다. 나의 본캐는 회사원, 부캐는 한국어 선생님인 것처럼. 두 개의 직업을 넘어 N잡이라는 표현도 생겼다. N잡이 트렌드가 된 시대이다. 한 가지 분야에 몰두하는 전문가도 좋지만 여러 일과 취미를 병행하며 자신의 가치를 높이는 것도 하나의 방법이라고 생각한다. 아직 해 보고 싶은 것이 많은 나 역시 투잡에 더해 영화와 관련된 또 다른 직업을 준비 중이다.

오늘도 도쿄로 출근 합니다.

혼자여도 괜찮아?
'응' 혼자서도 괜찮아!

━ • • 당신은 혼자여도 괜찮은 사람입니까?

일본에 있다 보면 간간이 일본에서 함께 생활하는 가족은 없냐는 질문을 받는다. 아는 사람 하나 없이 혼자 왔다고 하면 용기가 대단하다며 띄워주기도 한다. 그렇다. 나 홀로 일본행은 쉽지 않은 결정임이 틀림없다. 인생에서도 커다란 변화를 가져다줄 만한 선택이다. 그렇기 때문에 이 어려운 문제를 이미 선택한 사람이라면 무슨 일이든 분명 잘해 낼 수 있을 것이라 믿는다. 나 또한 혼자여도 괜찮은 사람이라고 생각했다. 한국에 있을 때부터 혼밥(혼자 먹는 밥), 혼술(혼자 마시는 술), 혼영(혼자 보는 영화), 혼행(혼자 가는 여행) 등이 가능했고, 혼자 있는 시간이 아무렇지 않은 사람이었다. 하지만 이런 나에게도 일본 유학 초기 시절, 우울 증상이 나타난 적이 있다. 막연하게 한국이 그립고 한국에서 누릴 수 있는 생활이 부럽고, 한국에서 먹었던 음식들이 생각나고, 한국에 있는 가족과 친구들이 보고 싶어서 당장이라도 돌아가고 싶었다. 지금 생각해 보면 결핍에 대한 갈망이 불러온 향수병이었던 것 같다.

그 당시 나는 일본어를 잘하고 싶어 의도적으로 한국인들과 거리를 두었다. 일부러 한국인이 없는 동네에 살았고, 한국인이 많이 모이는 곳에는 발을 들이지도 않았다. 이렇게까지 했는데도 나의 일본어 실력은 제자리걸음이었다. 일본이라고 해도 일상에서 만나는 일본인들과는 비슷한 패턴의 회화 정도였기에 일본어도 크게 늘지 않았다. 게다가 얼마 못 가 주변에 아무도 없다는 사실에 우울해졌다. 마음을 터놓고 이야기할 수 있는 사람이 없으니 많이 외로웠던 것 같다. 그렇다고 힘들게 준비한 유학을 접고 한국으로 돌아가고 싶지는 않았다. 그래서 마음을 고쳐먹고 생각했다. 다른 한국 사람들은 어떻게 생활하고 있을까? 더 다양한 일본인들과 이야기를 하려면 어떻게 해야 할까? '그래! 커뮤니티를 알아보자.' 하지만 어떻게 알아봐야 할 지 막막했다.

━ ● 커뮤니티 활동으로 활력 되찾기

당시 일본 유학생이라면 다 아는 인터넷 카페 〈동경 유학생 모임〉에 가입해 정보들을 찾아보기 시작했다. 그렇게 만난 모임이 내가 한국어 선생님을 할 수 있는 계기가 되어준 언어교환 모임이었다. 일본어 공부에 도움이 될 것 같았고 또래의 친구들을 만날 수 있을 것 같은 기대감이 있었다. 나의 기대는 적중했고 여기서 만난 사람들은 지금까지도 내 곁에 있어 주는 소중한 일본 친구들이다. 특히 사오리씨는 나를 한국어 선생님으로 인도해 준 친구다. 한국인과 거리두기로 나 홀로 고립됐던 시간에서 시야를 넓혀 생각을 바꾸니 자연스레 주위에 사람들도 생기고 활력을 되찾게 되었다.

일본 NPO단체에서 운영하는 장애우 여름 캠프의 자원봉사 활동도 나에게는 잊을 수 없는 추억이다. 한국으로 돌아간 한국인 유학생이 전년도에 참가하고 너무 좋았다며 인터넷카페에 소개해 둔 글을 보게 되어 그해 자원봉사로 활동하게 되었다. 캠프로 떠나기 1~2달 전부터 장애우 참가자들을 돌보는 연습을 하는데, 이 기간에 함께 연습한 일본인 친구들과 자연스럽게 친해졌다. 적극적인 활동으로 조금씩 친구들이 생기고 활동량이 늘어나다 보니 우울함도 차차 사그라졌다. 다시 예전의 밝은 나로 되돌아갈 수 있었다. 일본인 친구들과 이야기할 기회도, 시간도 많아지니 자연스레 일본어 실력도 늘기 시작했다.

■━ ● '아사카츠(아침 활동)'가 가져다주는 활력

　사람들과 함께 있는 시간만큼 나에게는 혼자 있는 시간도 중요하다. 하루 중 내가 제일 좋아하는 시간인 아침에 나는 '아사카츠(朝活)'를 실천하고 있다. 아침 시간을 유용하게 활용하자는 단순한 의미가 담긴 활동으로 한국에서는 아직 흔하게 쓰이는 단어가 아닌 것을 보면 일본 특유의 문화인 것 같다. 반복되는 생활 속에서 오는 무기력함, 치열한 지옥철의 스트레스를 이 아침 활동으로 이겨 내고 있다. 아침 일찍 일어나 하루를 시작하면 확실히 하루를 좀 더 기분 좋게 보낼 수 있는 것 같다. 아침 활동이라고 부르지만 거창한 무언가를 하는 것은 아니다. 자기 자신에게 집중할 수 있는 시간이니 무엇이든 하면 된다. 책을 읽어도 되고, 공부를 해도 되고, 운동을 해도 된다. 아무래도 출근 전 아침 시간이다 보니 나는 혼자서 아침 활동을 하지만, 일본에서는 아침 활동을 하는 모임도 활성화되어 있으니 찾아보면 도움이 될 것이다.

　나는 '카페 모닝(カフェモーニング)'을 좋아해 아침 시간에 카페에 들러 아침밥을 먹는 경우가 많다. 커피 한 잔 가격으로 토스트 세트를 먹을 수 있고, 카페에 앉아 책을 읽거나 글을 쓰기 때문에 아침 시간을 유용하게 보낼 수 있다. 때로는 카페 모닝 자체가 아침에 일찍 일어날 수 있게 하는 원동력이 되기도 한다. 요즘에는 카페 모닝보다는 홈 카페를 즐기는 편인

　　　오늘도 도쿄로 출근 합니다.

데, 이는 '오우치카페(おうちカフェ)'라고 해서 이 또한 일본에서는 하나의 문화로 자리 잡혀 있다.

━ ● 혼자 있는 시간을 활용한 자기계발

혼자 있는 시간은 자기계발을 하기에 좋다. 나는 요즘 자격증 공부를 하기 시작했다. 전문학교 재학 중 자격증 시험 12개에 모두 합격했던 사람으로서, 그 기억을 살려 오랜만에 도전해 보려고 한다. 이번에 도전할 자격증은 합격률 70~80%로 알려진 FP(Financial Planner) 기능검정 3급이다. 금융업계에서는 매우 중요시되는 자격증으로, 실무에서 쓰려면 합격률 40~50%의 2급 이상이 필요하지만 나는 자격증 취득이 목적이라 3급이면 충분하다고 생각했다.

내가 딴 자격증 중 합격률이 높은 것을 나열해 보면, 비서검정 3급 (65%), 비즈니스 능력검정 3급(80%), 색채검정 3급(75%), 전일본지식/상식 검정 2급(75%)으로 실제 업무에 많이 쓰이지는 않지만 자격증 시험공부가 내 삶의 좋은 자극제가 되었다. 물론 취업에 굉장히 도움 되는 자격증도 있다. 실제로 첫 직장에서 합격률 15~25%의 일상부기 검정 2급을 인정받아 매달 자격증 보유 인센티브를 받았다. 또 두 번째 회사에서는 자격증을 갖고 있다는 기준에 충족해 이직에 성공할 수 있었다.

충분히 혼자서도 괜찮은 일본

한국과 가깝다고 해도 일본 역시 타국이다 보니 우울증 같은 증상들이 때때로 찾아온다. 나 역시 일상이 지루하거나 외롭다는 생각이 가끔 든다. 그러면 내 삶에 새로운 자극을 주어 활력을 찾으려고 한다. 요즘에는 취미생활 모임에서 활동하고 있다. 지인 소개로 알게 된 독서 모임인 〈위드 플러스〉, 달리기 모임인 〈도쿄 나이트 런 클럽〉 등 일본에서도 한국인들의 모임이 활성화되어 있다. 덕분에 1년에 책 100권 읽기, 5Km 쉬지 않고 달리기 등 올해의 버킷리스트도 생겼다. 내가 원하는 모임이 없으면 직접 만들면 된다. 나 또한 직접 만들어서 활동하고 있는 와인 모임까지 더해져 삶이 더욱 풍부하고 즐거워졌다.

살면서 우리는 수많은 장애물을 만난다. 그런데 그 중 가장 큰 장애물은 내 주변 환경이 아닌 나 자신 안에 있는 것은 아닐까. 일본으로의 유학이나 취직에 앞서 혼자 잘 해낼 수 있을까 걱정하는 분이 있다면, 또 나처럼 일본 생활의 공허함으로 무기력함에 빠진 분이 있다면 이렇게 말해주고 싶다. 당신은 당신이 생각하는 것보다 더 잘할 수 있고 더 많은 일을 할 수 있다고. 그러니 혼자 괜찮을까 하는 걱정은 접어두길 바란다. 충분히 혼자서도 괜찮다.

오늘도 도쿄로 출근 합니다.

소소한 나의 돈 관리 방법을 소개합니다

▬ ● 나의 돈 관리 방법

사회생활을 처음 시작하는 사람들의 공통된 고민은 정기적으로 들어오는 월급의 운용 방법일 것이다. 나 또한 같은 고민을 했다. 성격상 공격적인 투자성향이 아니어서 거창하게 운용이라고 할 만한 것은 없다. 하지만 30대 평균 급여 및 저축액 통계를 보면 나는 평균 급여 정도를 받고 있고 저축액은 몇 배나 더 많으니 '관리를 잘해 왔구나.' 싶다.

*평균 급여 : 442만엔 (국세청 2018년 민간급여실태통계조사, 35-39세)

*평균 저축액 : 403만엔 (후생노동성 2017년 국민생활기초조사)

*출처: 리소나은행 칼럼

https://www.resonabank.co.jp/kojin/toshin/column/column_toshin_0004.html

처음 일본에 올 때 딱 200만원을 손에 쥐고 왔다. 그런 내가 지금까지 하고 있는 돈 모으는 방법은 많이 '버는 것'이 아닌 많이 '남기는 것'이다. 한 달의 가계부를 살펴보면, 저축이 월급의 50% 정도를 차지하니 특수한 경우일 수도 있겠다. 우선 월급이 들어오면 30%는 미리 떼어 저축한다. 그리고 한 달 생활비를 사용한 후 남은 금액도 저금하는데 평균적으로 한 달에 20% 정도의 금액을 남기고 있다. 한 달에 50%의 돈을 남기는 건 어렵지만 20%의 돈을 남기는 것은 생각보다 어렵지 않다. 2017년 일본의 한 금융기관에서 실시한 조사에 의하면 세후 급여의 약 10~15%를 저축하는 사람이 가장 많다고 한다. 본인의 저축 비율이 어느 정도인지 확인하고 평균에 맞게 저축할 수 있게 관리해야 한다. 그리고 평균 이상을 저축하고 있다면 나처럼 급여를 더 많이 남기는 방법을 찾아 보는 것은 어떨까?

주거비용을 아끼는 방법

일본 생활에서 가장 큰 지출은 야칭(家賃)이라고 불리는 주거비용이다. 일본은 전세라는 개념이 없어 기본적으로 월세를 받는다. 이사할 때 한국의 보증금과 같은 시키킹(敷金)과 집 주인에게 감사의 의미로 지불하는 레이킹(礼金)이라는 비용이 야칭의 1~2개월 금액만큼 추가되기 때문에 초기비용이 많이 드는 편이다. 나이와 가족 구성에 따라 다르겠지만 2~30

오늘도 도쿄로 출근 합니다.

대 1인 가구를 기준으로 보통 도쿄에서의 월세 비용을 급여의 30%로 많이 이야기하는데 나는 20%인 곳에 살고 있다.

집은 잠만 잘 수 있으면 된다고 생각해 많은 조건을 따지지는 않지만, 딱 한 가지 포기 못 하는 것이 있다. 바로 교통편이다. 집을 구할 때 교통편을 가장 중요시해 절대 도심을 벗어나고 싶지 않았다. 하지만 그렇게 되면 야칭의 30%가 훌쩍 넘어가 버리기 때문에 절충안으로 선택한 방법이 셰어하우스였다. 같은 금액으로 지금보다 훨씬 넓은 공간에 혼자 살 수 있는 집들이 도쿄 외곽에는 있지만 나의 우선순위는 도심이었다. 혹시 모르는 사람과 한 집에서 사는 것이 불편하다면 친구와 같이 사는 방법도 있다. 또 초기비용 및 보증인이 필요 없는 UR 맨션*을 알아보는 것도 야칭을 저렴하게 할 수 있는 방법이다.

━ ● 단샤리 생활

좁은 집의 장점은 불필요한 물건을 사지 않게 되고 청소가 생활화된다는 것이다. 반강제적인 단샤리(斷捨離) 생활이다. 단샤리란, 불필요한 것을 끊고(斷) 쓸데없는 것을 버리고(捨), 물건의 집착에서 벗어나는(離) 것을 지

---

* 일본 정부에서 직접 매입하여 관리하는 임대아파트

향하는 정리법이다. 일종의 생활 기술이자 처세술이다. 꼭 필요한 물건만 소유하면서 삶과 인생에 조화를 이루는 일본 사람들 특유의 삶의 태도이다. 무조건 아끼고 절약하라는 말이 아니라 생활에서 '필요'와 '불필요'를 구분하자는 것이다. 자신의 소비습관을 파악해 필요한 것만 사는 생활습관을 들여야 한다. 명분 없는 일에는 철저하게 지출을 통제해야 한다.

지출을 통제하는 방법으로 가계부 쓰기가 있다. 꼼꼼하지 않아도 된다. 영수증 사진을 찍으면 자동으로 기록되는 가계부 앱을 통해 누구나 쉽게 가계부를 쓸 수 있다. 그러면 한 달 동안 어느 부분에 얼마만큼의 지출이 있었는지, 남은 자산은 얼마인지를 파악할 수 있다. 가계부 쓰는 것이 귀찮고 번거로울 수 있지만 자신의 재무 조건을 파악해야 지출을 조절할 수 있다. 가계부 앱으로는 Money Forward, 심플 가계부(シンプル家計簿), Money Tree 등이 가장 많이 추천되고 있다.

가계부를 쓰면 고정비용을 검토하는 것도 가능해진다. 핸드폰 요금, 공과금, 신용카드 대금은 연체가 되지 않도록 관리해야 한다. 나는 핸드폰 통신사도 한국의 알뜰폰과 같은 가쿠야스 스마트폰(格安スマホ)이라는 저렴한 통신사를 쓰고 있다. 저렴한 통신사라고 해도 일본의 3대 메이저 통신사 DOCOMO, AU, SoftBank의 회신을 사용하고 있어 큰 불편함을 느끼지 못하고 있다. Rakuten Mobile, Line Mobile, Y! Mobile, Mineo 등 가입

이벤트 및 혜택이 수시로 달라지기 때문에 가입 시기에 맞춰 월 사용료 등의 유지비를 꼼꼼하게 확인하고 비교해보길 바란다.

내가 제일 아까워하는 비용 중의 하나가 ATM 출금 수수료이다. 그래서 찾은 방법이 일본의 우체국 은행인 유초은행(ゆうちょ銀行)을 생활비 통장으로 쓰는 것이다. 출입금이 자유로워야 하는 생활비 통장은 출금 수수료가 없는 유초은행이 제격이다. 다른 은행의 경우, 업무시간 이후부터 대부분 출금 수수료가 발생한다. 또 인터넷 전문은행의 경우, 실적 기반으로 한 등급제에 따라 출금 수수료 무료 횟수 제한이 있다. 그에 반해 유초은행은 점포에 따라 시간적 제한은 있지만 퇴근 후 시간에도 이용 할 수 있는 곳이 많고 횟수의 제한이 없다는 장점이 있다.

현금 자산의 경우 이율이 높은 은행을 찾아 저축해 두었다. 일본의 보통예금 평균 금리는 0.001%인데 나의 보통예금 금리는 0.1%, 정기예금은 0.35%이다. 한국에 비하면 너무나도 낮은 금리이지만 일본 내에서는 높은 금리에 속한다. 일본에서 예금에 적합한 은행을 찾는다면 실제 내가 이용하고 있는 한국 신한은행의 일본법인인 SBJ은행과 인터넷 전문은행인 Rakuten Bank를 추천한다. 두 곳 모두 간단한 자격요건만 갖춘다면 다른 은행에 비해 높은 금리의 예금이 가능하다. SBJ은행은 한국어 상담이 가능하며 Rakuten Bank는 같은 Rakuten 계열의 증권, 쇼핑, 포인트 등의

서비스를 연동해서 간편하게 이용할 수 있다. 현재 보통예금 금리 중 가장 높은 은행은 0.2%인 아오조라은행(あおぞら銀行)이다. 이 또한 가입 시기별로 금리의 변동이 있을 수 있으니 고금리 은행 랭크는 인터넷을 통해 찾아보기 바란다.

━━ ● 주주우대 제도와 포인트 활동

나는 적극적 투자 활동을 하고 있지는 않지만 주주우대(株主優待)를 중점으로 한 주식은 갖고 있다. 일본은 한국과는 달리 일정량 이상의 주식을 가진 주주에게 배당과는 별도로 자사의 제품이나 서비스를 제공함으로써 주주를 우대해 주는 제도가 있다. 회사마다 다르지만 대부분의 회사가 100주 이상 소유한 주주에게 1년에 1~2번 나눠주는 배당금에 더해 주주우대 혜택 서비스를 제공한다. 서비스란 자사의 상품 교환권이나 할인권, 혹은 어느 곳에서나 쓸 수 있는 상품권 등을 말한다. 실제로 일본에는 주주우대를 중점으로 둔 서비스만으로 생활하는 사람도 있어 그런 사람들을 가리켜 주주우대 생활(株主優待生活)이라는 단어도 존재한다.

한 인터넷 기사에 실린 주주우대 생활로 유명한 '기리타니 씨'의 일과는 오후 느지막이 일어나 우대품으로 받은 커피와 쌀로 아침 겸 점심을 해결하고, 저녁이 되면 영화 우대권을 사용해 영화를 본 뒤 패밀리 레스토랑에서 저녁을 먹고 우대권으로 계산한다고 한다. 물론 식료품 및 가전제품 등 필요한 물품들도 대부분 소유한 주식의 우대권이나 상품권 안에서 해결한다고 한다. 이 외에도 주주우대 생활을 하는 유명 블로거들이 있는 것을 보면 재미있는 제도가 아닐까 싶다.

*기리타니 씨의 일과 참조 사이트: Rakuten증권 투자정보 미디어
https://media.rakuten-sec.net/articles/-/25696

주주우대를 위해 100주를 갖는 데 얼마나 필요한지는 주식마다 천차만별이다. 적게는 몇 만엔으로도 시작할 수 있다. 나 또한 주주우대 생활까지는 아니지만 보유하고 있는 영화 관련 주식의 우대로 1년에 4편의 영화를 극장에서 무료로 보고 있다. 현재가 100주 15만엔에 배당금 0.67% 실적의 주식이다. 배당금을 중심으로 하는 투자형 주식을 원하는 사람에게는 맞지 않는 재태크 방법이지만 일본에서만 누릴 수 있는 제도라는 점에서 충분히 매력 있다고 생각한다.

일본에는 주주우대 생활과 더불어 포이가츠(ポイ活/'포인트 활동'의 줄임말)라고 불리는 재미있는 단어가 있다. 포인트를 활용한 절약 생활 활동이라고 생각하면 된다. 개인적으로 포인트 활용 중에 제일 가성비가 좋은 것은 폰가츠(ポン活)인 것 같다. 일본 최대 편의점 중의 하나인 로손의 폰타 포인트로 매주 업데이트되는 상품을 교환할 수 있는데 가치가 2~4

배 정도 된다. 30포인트로 100엔대의 과자 및 음료와 교환이 가능하거나 100포인트로 200~300엔 대의 주류와 교환을 할 수 있다. 이 시식 교환권 (お試し引換券)이라는 포인트 활용 방법으로 매주 새롭게 발매되는 맥주를 먹는 것은 내 소소한 취미 생활 중의 하나이기도 하다. 그리고 활용도가 높은 포인트라고 하면 T포인트와 nanaco포인트를 들 수 있다. T포인트는 Maruetsu 슈퍼, 드럭스토어 Welcia, 훼미리마트에서 사용할 수 있고, nanaco포인트는 Itoyokado 슈퍼, 세븐일레븐에서 사용할 수 있다. 이 가맹점들은 일본 생활에서 흔히 볼 수 있는 곳들이기 때문에 포인트를 잘 활용한다면 생활비를 크게 절약할 수도 있다. 여기서 포인트를 모으기 위해 그만큼의 금액을 지불해야 하는 것 아니냐고 생각할 수도 있지만 Point Town, Moppy, Life Media 등 포인트 적립 사이트를 통해 포인트를 쌓아 다른 포인트로 교환하는 방법도 있다.

그 외 절세 방법

일본에서 장기체류를 생각하고 계신 분은 세금 환급이 가능한 저축형 생명 보험이나 니사(NISA/소액 투자 비과세 제도)와 더불어 이데코(iDeCo/개인형 확정 기여 연금), 후루사토 납세(ふるさと納税/특정 지자체에 기부금을 납부함으로써 지역 특산물 및 사례가 제공되는 제도)와 같은 일본 특유의 절세 상품에 대해서도 알아보길 바란다.

오늘도 도쿄로 출근 합니다.

여기에 나열한 방법은 지금까지의 내 경험을 바탕으로 했다. 돈을 쉽게 모으는 방법은 없다. 내 발품을 팔아 정보를 모아야 한다고 생각한다. 자신의 재무 상태와 재무 계획을 남에게 맡겨 버리거나 무관심해서는 절대로 돈을 모을 수 없다. 모두들 금전적으로도 성공적인 일본 생활이 되길 기원한다.

통계와 정보
서울과 도쿄의 물가 비교

세계 130여개 도시의 생활비 10위권 도시

세계 130여개 도시의 생활비 10위권 도시 단위기준: 뉴욕=100, 출처: 이코노미스트 인텔라전스 유닛				
2015년	2016년	2017년	2018년	2019년
싱가포르 (129)	싱가포르 (116)	싱가포르 (120)	싱가포르 (116)	싱가포르 (107)
파리 (126)	취리히 (114)	홍콩 (114)	파리 (112)	파리 (107)
오슬로 (124)	홍콩 (114)	취리히 (113)	취리히 (112)	홍콩 (107)
취리히 (121)	제네바 (108)	도쿄 (110)	홍콩 (111)	취리히 (106)
시드니 (120)	파리 (107)	오사카 (109)	오슬로 (107)	제네바 (101)
멜보른 (118)	런던 (101)	서울 (108)	제네바 (106)	오사카 (101)
제네바 (116)	뉴욕 (100)	제네바 (107)	서울 (106)	서울 (100)
코펜하겐 (115)	코펜하겐 (99)	파리 (107)	코펜하겐 (105)	코펜하겐 (100)
홍콩 (113)	서울 (99)	뉴욕 (100)	텔아비브 (102)	뉴욕 (100)
서울 (113)	로스앤젤레스 (99)	코펜하겐 (100)	시드니 (102)	로스앤젤레스 (99)

[자료 출처] https://news.naver.com/main/read.nhn?oid=417&aid=0000402177

오늘도 도쿄로 출근 합니다.

"일본은 한국보다 물가가 더 비싸다."라는 말은 이미 옛말이 된 지 오래다. 일본은 거품경제가 무너진 후 '디플레이션'*을 거치면서 물가 변동률이 크게 변하지 않았다. 이에 반해 한국은 경제 성장으로 인한 물가 상승률이 커 언젠가부터 일본보다 물가가 비싸다는 인식이 생기게 되었다.

실제로 영국의 경제 분석기관 이코노미스트 인텔리전스 유닛(EIU) 보고서 〈2019 Worldwide Cost of Living〉에 따르면, 전 세계 주요 133개 도시 중 서울의 생활비가 비싼 순위 7위에 올랐다. 이는 식품, 의류, 주거, 교통, 학비 등 160여 개 상품·서비스 가격을 반영한 지수를 만들어 뉴욕을 100으로 잡아 상대적인 평가로 순위를 정한 것이다. 2013년까지 도쿄는 전세계에서 가장 물가가 비싼 도시였지만 낮은 인플레이션과 달러화 약세로 현재 13위에 올라있다. 물론 모든 부문에서 한국이 비싸고 일본이 싸다는 것은 아니다. 빅맥지수, 라떼지수와 함께 수입 주류, 의류, 취미생활, 교통비 등 대표적 생활비 명세를 비교 정리해 보았다.

식료품 비용은 한국이 일본보다 비싸지만 그 외의 품목에 대해서는 일본이 더 비싸다는 것을 알 수 있다. 한국 노동조합 총연맹에서 발표한 2020년 표준생계비 자료에 의하면, 한국의 2인 가구 식료품 및 비주류 음

* 경기 침체 속 물가 하락

비교상품	한국	일본 (100엔=1,000 원 환산)	가격차이
맥도날드 빅맥 단품	₩5,200	₩3,900	33%
스타벅스 카페라떼 톨사이즈	₩4,600	₩4,100	12%
와인 몬테스알파	₩31,900	₩24,200	32%
유니클로 히트텍	₩14,900	₩10,890	37%
영화 관람요금	₩10,000	₩18,000	-44%
담배 말보로 1갑	₩4,500	₩5,200	-13%
시내버스 기본요금	₩1,300	₩2,100	-38%
택시 기본요금	₩3,800	₩4,100	-7%
휴발류 1L	₩1,360	₩1,280	6%
가스 1m²당 요금	₩702	₩1,300	-46%
전기 100kwh당 요금	₩7,090	₩19,880	-64%
최저 임금	₩8,590	₩10,130	-15%

[자료 출처] https://news.naver.com/main/read.nhn?oid=417&aid=0000402177

료비가 월 1,007,457원이라고 한다. 하루에 33,580원이라는 계산이 나온다. 이에 반해 도쿄도 총무국 통계부에서 발표한 2020년 생활과 통계 자료에 의하면, 도쿄의 2인 이상 가구의 1세대당 식료품비는 하루 2,831엔이라고 한다. 원화로 환산해 보면 28,310원(1,000원=100엔 환산)이다. 이는 통계적으로 봤을 때도 식료품비에 한해서는 일본이 한국보다 저렴하다는 사실을 알 수 있다.

그래서 직접 한국과 일본에 있는 대형 마트의 동일 물품을 인터넷 쇼핑으로 구입 비교해 보았다. 비교 상품은 기본 식자재 5종인 쌀, 달걀, 라면, 우유, 물. 가공식품 3종인 콜라, 과자, 통조림. 그리고 생활필수품 2종인 휴지, 탈취제이다. 한국의 경우, 10개의 품목을 구매하는 데 총 68,500원(배

분류	비교상품	한국	일본 (100엔=1,000원 환산)	가격차이
쌀	고시히카리 5Kg	₩24,900	₩22,750	9%
생수	물 2L*6개 1박스	₩5,880	₩5,370	9%
우유	우유 1,000mL	₩2,560	₩2,480	3%
라면	봉지라면 5개	₩2,750	₩3,650	-25%
계란	특란 10개	₩2,980	₩2,120	41%
과자	새우깡 90g/ 85g	₩1,020	₩890	15%
음료	코카콜라 1.8L/ 2L	₩3,300	₩1,810	82%
통조림 식품	스팸 200g*2개/ 340g*1개	₩7,960	₩5,050	58%
탈취제	페브리즈 370mL	₩5,900	₩3,850	53%
휴지	두루마리 휴지 12개	₩11,250	₩4,370	157%
	배송비	₩5,500	₩3,300	
	합계	₩74,000	₩55,640	

실제 한국과 일본의 식료품비 비교표　　　　　2020년 08월 기준

송료 제외)가 들었고, 일본은 52,340원(5,234엔/배송료 제외)가 들었다.

최대한 같은 조건에서 비교하고 싶었지만 약간의 중량 차이는 있다. 하지만 그것을 고려하더라도 전체적으로 식료품비에 한해서는 한국이 일본보다 더 비싸다는 것은 부정할 수 없는 사실이다. 식료품비가 생활비의 가장 많은 부분을 차지한다는 것을 고려해 보면, 한국의 체감 물가가 비싸다는 것 또한 사실이라고 볼 수 있다.

오늘도 도쿄로 출근 합니다.

가족의 행복을 위해
찾아온 도쿄

이필준
(40대 / 남자 / 외국계 회사 근무)

세 아이의 아빠로, 요리와 글쓰기를 즐겨 하고 있다. 1999년부터 도쿄와 서울을 오가며 무역업을 시작했고, 여러 회사를 거쳐 현재 노르웨이 금속 소재회사의 일본지사에서 근무 중이다. 2013년부터 2020년까지 한국 지사장으로 근무하다가 2020년부터는 일본지사에서 영업을 담당하고 있다. 저서로는 "오늘은 여기까지만 하겠습니다, 아이와 만화 보는 날이라서요."(반니)와 "다섯 가지 기본의 힘"(더메이커)이 있다.

Time Line

1999 무역회사 및 인터넷 쇼핑몰 창업
2004 종합상사 근무 시작, 일본담당(철강, 금속)
2009 결혼, 유럽계 금속회사 취업
2013 동사 한국 지사장 취임
2020 일본지사로 이동

Contact

instagram: piljoon_e
brunch: eee1201

40대에 도쿄로
이직을 해버렸다.

"2020년 2월 26일" 도쿄행 비행기

5명의 우리 가족은 트렁크 가방을 끌고 도쿄행 비행기를 탔다. 초등학교 3학년인 큰 딸과 유치원에 다니고 있는 쌍둥이 아들들 그리고 아내까지 모두 긴장하고 있었다. 물론 나도 크게 긴장을 했다. 비행기에서는 계속해서 몸에 열이 있는 경우, 일본에 도착해 코로나로 입국이 지연되거나 취소될 수 있다는 안내가 흘러나오고 있었다. 관광 비자가 아닌 체류 비자로 온 우리 가족은 도쿄 하네다 공항에서 작은 수속과 건강 확인을 마친 뒤, 무사히 출입국 심사대를 빠져 나왔다. 이렇게 우리 가족의 일본 생활은 시작되었다.

"왜 나는 40대 중반의 나이에 한국을 떠나 외국으로 가게 되었을까?"

지금으로부터 3년 전, 난 서울의 한 대학교에서 MBA를 공부하고 있었다. 사업의 전략과 전술 그리고 경영자로서의 비전의 중요성에 대해서 배우고 있는 그 때, 난 나와 가족의 인생전략에 대해 혼자 상상의 나래를 펼쳤다.

▬▬ ● 나, 그리고 우리 가족 이대로 괜찮나?

이때만 해도 난 외국계 회사의 한국 지사장을 담당하고 있었다. 매출도 좋았고 직원들 모두 단결해서 열심히 일하고 있었다. 하지만 늘 마음속 어딘가에 껄끄러움이 있었다. 그것은 바로 내가 정체되어 있다는 생각에서 오는 불안이었다. 세상은 점점 더 빠른 속도로 변화하고 젊은 사람들의 실력과 스펙은 갈수록 화려해 지고 있었다. 이런 가운데 너무나 안주하고 있던 나의 모습을 종종 보면서 불안감을 느끼기 시작했다. 난 스스로 침몰하는 배에 타고 있는 선장과 같은 마음이었다. 그렇다고 직장을 그만두거나 이직을 한다는 것은 너무나도 큰 리스크였다. 벗어나야지 생각하며 독서모임에도 들고 일본어 모임에도 가입했다. 대학원에서 공부도 했지만 근본적인 불안감은 사라지지 않았다. 주변에서 외쳐대는 '100세 시대'에 살면서 늦게 결혼한 탓에 막내 아이가 대학에 갈 정도 되면 난

오늘도 도쿄로 출근 합니다.

60세가 된다. 어쩌면 그랬기에 불안감이 더 크게 작용한 듯하다. "앞으로의 시대는 나이가 아닌 실력이 중요한 사회라고 하는데."라며 고민하던 찰나, 난 해외 근무에 점점 관심을 갖게 되었다.

━ ● 이상한 나라의 이상한 놀이터

이렇게 해외 근무에 대한 꿈을 키우고 있던 그때, 살고 있던 아파트 게시판에서 충격적인 이야기를 들었다. 우리 아이들이 다른 아파트의 놀이터를 갈 수 없으며, 다른 아이들 또한 우리 아파트에 오면 안 된다는 것에 대해 주민들이 이야기를 하고 있다는 것이다. 난 이런 이야기가 오가는 현실에 충격을 받았고, 과연 이런 곳에서 우리 아이를 제대로 키울 수 있을지 걱정되었다. 앞으로 다가오는 미래에는 협력하는 인재가 중요하다고 하면서 실제로는 협력이 아닌 계급을 만들고 있는 사회에 불만 아닌 불만이 생기기 시작한 듯하다.

난 아내와 함께 우리 아이들만큼은 사교육을 시키지 말자고 몇 번이나 약속을 했다. 하지만 실제로 대한민국에서는 그렇게 아이를 키울 수 없다는 것을 느끼며, 내 급여의 상당수가 아이들 교실 밖 공부에 지출될 것을 직감했다. 그리고 그렇게 지출된 비용이 아이들 대학입시를 위한 '일회성', '측정용'으로 사용되는 것에 마음이 불편했다. 서울에 있는 대학을 보내기 위해 필요한 과외비용이 자그마치 몇 억이라는 신문기사를 보면서, 근본적으로 서울에 있는 대학에 대한 의구심조차 들게 되었다. 앞으로 대학이 더 이상 필요할지, 또 남들이 말하는 '인서울(In Seoul)'이라는 타이틀이 앞으로도 존재 할까라는 생각을 많이 했다. 심지어 어린 쌍둥이 아들들은 유치원비가 없어 일반 보육원에 보내는 현실을 보면서 무언가 씁쓸한 교육 계급사회를 경험하기도 했다. (동네의 영어 유치원이 한 명당 220만원이라는 사실에 난 깜짝 놀랐다.) 세계에서 가장 많은 청소년이 자살을 하지만 전혀 개선되지 않는 움직임을 보며 난 우리 아이들이 마음껏 뛰놀고 스스로 꿈을 발견해서 공부하며 살아가는 삶을 보여주고 싶었다. 물론 그런 나라는 드물 것이다. 하지만 외국에 나간다면 최소한 우리 가족이 더욱 똘똘 뭉쳐서 살지 않을까 라는 생각이 들었다.

우리 집의 귀여움을 담당하고 있는 쌍둥이 아들들은 조금 작게 태어났다. 그리고 얼굴도 무척 작은 편이라 기관지나 호흡기가 그리 좋지는 않다. (얼굴이 작은 아이들은 그런 경향이 있다고 한다.) 그래서 아들들은 거의 365일 내내 집 바로 앞의 이비인후과에 다니고 있다. 특히 밤에 기침을 시작하게 되면 혼자 숨을 쉴 수가 없어 숨을 헐떡이다가 모든 것을 토해낸다. 그렇게 울고 아파하는 아이들의 모습에 우리 부부는 점점 지쳐갔다. 결국에는 정도가 심해져서 큰 수술까지 하게 되었다. 나중에는 전신마취를 하고 귓속과 콧속을 수술했고, 수술 후 샤워도 조심해야 하고 수영장도 못

가는 불편함도 생겼다. 이것 또한 한 번의 수술로 끝나지 않았다. 수술 후에도 다시 재발해서 전신마취 수술을 또 해야 하는 지경이 되었다. 이런 가운데 아픈 원인이 작은 얼굴이라는 것도 있었지만 미세먼지가 원인일 수도 있다는 이야기를 들었다. 담당 의사는 공기 좋은 곳으로의 이사를 권했고 우리 부부는 수술을 해도 재발하는 현실에 부모로서 큰 결심을 하게 되었다. 처음에는 제주도를, 그 다음에는 동남아시아를 중점적으로 찾았다. 그러던 중 일본의 공기가 깨끗하다는 것을 발견했고 우리 부부의 선택지는 일본으로까지 넓어졌다. 여기에 회사의 배려로 일본 근무가 가능해지면서 최종적으로 우리 가족은 도쿄행 비행기를 타게 되었다. 주변에서는 일본의 방사능 문제를 걱정하기도 했지만, 난 수술대에 오르면서 반복적으로 고통받는 아이들의 고통을 당장 멈춰주고 싶었다.

"그렇다"

이렇게 우리 가족은 부모들의 성장과 아이들의 입시전쟁에서 탈출 그리고 막둥이 아들들의 건강을 위해 도쿄로 오게 되었다. 40대 중반에는 어느 한 곳에 정착해 노년을 준비해야 하는 나이라고 생각한다. 새로운 곳에서 처음부터 다시 시작하는 두려움도 컸지만 난 가만히 앉아서 두려움과 싸우기 보다는 움직이며 부딪쳐 보기로 결심했다. 이사 준비를 하면서 현실이라는 두려움에 부딪치기도 했지만 막상 한 발짝 한 발짝 움직여

보니 배우는 것도 많고 기회도 많이 있을 것 같았다. 두려움과 걱정으로 시작한 도쿄 생활이 어느 덧 150일이 지났다. 과거를 돌이켜보니 도전하기를 잘했다는 생각이 많이 든다. 특히 건강해진 쌍둥이 아이들과 일본어를 금방 구사하는 딸아이, 또 아침마다 텃밭을 꾸미고 있는 나, 날이 갈수록 요리 실력이 늘고 있는 아내를 보면서 '우리 가족이 성장하고 있구나!'라고 느끼게 된다. 그리고 전반적으로 느리지만 여유가 있는 삶도 좋다. 성격이 급한 나였지만 느리게 살다 보니 더 건강해지는 느낌도 들었다.

하지만 단점도 있다. 한국의 가족들과 친구들, 맛있는 한국 음식은 많

오늘도 도쿄로 출근 합니다.

이 그립다. 그 그리움을 이용해 나와 아내는 매일 저녁 풍성한 음식들을 차려놓고 가족들과 식사를 하며 대화하는 시간을 늘리고 있다. 또 한국의 가족, 친구들과 영상통화도 하며 친목도 유지하고 있다. 이전부터 해보고 싶었던 글쓰기를 취미로 시작했고, 무료 '웹세미나'에 참가해 산업 전반의 이야기들을 듣는 시간을 즐기고 있다. 인터넷으로 전 세계 사람들을 쉽게 만날 수 있는 시대다. 일본에 살고 있지만 한국 사람들과 새로운 글쓰기 프로젝트를 할 수 있고, 노르웨이 직원들과 매일 일정한 시간에 커피를 마시며 대화를 하기도 한다. 일본에서는 뜻이 맞는 사람들과 잡지를 만들고, 공동으로 소유하는 별장사업에 투자를 하거나 아이들 학교에서 재능기부로 영어를 가르치는 일들을 꿈꾸고 있다. 빠르지는 않지만 정확한 방향으로 나와 우리 가족이 한걸음씩 전진하고 있음이 느껴진다.

도쿄에서 만난 3층집

━ ● "집"이란 과연 우리에게 무엇일까?

집은 주거공간이다. 그리고 휴식처이다. 하지만 한국에서 집은 주거공간이라는 개념 보다는 투자처라는 생각이 많이 든다. 뉴스에서는 집값, 전세 대책, 아파트 분양 등의 소식으로 분주하다. 어쩌면 한국만큼 집값에 민감한 나라도 없을 듯하다. 사람이 사는 공간 이전에 투자처가 된 집. 그래서 그런지 한국의 집값은 무척 비싸다. 물론 나도 오로지 내 힘만으로 서울의 집을 살수 없었다. 그리고 40대 중반인 난 아직까지 내 이름으로 된 집을 한국에서 소유해 본 적이 없다.

그럼 도쿄는 어떨까? 도쿄의 사람들은 집을 투자 대상으로 생각하지 않

오늘도 도쿄로 출근 합니다.

고 오로지 삶의 공간으로만 생각하는 듯하다. 일본에서도 한국처럼 집값이 무척 비싸고 투자를 위한 수단으로 집을 사고팔았던 시기가 있었다고 한다. 하지만 일본의 버블경제가 붕괴하면서 집값에 포함되어 있던 거품이 대부분 제거되었고, 지방의 경우, 지속적으로 집값이 하락하고 있고 심지어 빈 집도 늘어나고 있는 추세다.

그나마 한국의 경우 지속적으로 집값이 상승했기에 부모가 자식의 결혼에 맞추어 전세 자금을 지원할 수 있었다. 하지만 일본의 경우 집 장만은 스스로 하는 것이 일반적이다. 일본의 젊은 사람들은 월세로 살다가 결혼을 하거나 직장에서 자리를 잡기 시작하면 은행에서 35년의 장기 대출을 받아 집을 산다. 물론 나도 은행에서 35년의 장기대출을 받아 집을 산 경우다. (내 경우에는 80세가 되어야 은행 빚이 마무리 된다) 도쿄 행을 준비하면서 제일 처음에는 월세집을 찾기 시작했다. 하지만 매달 나가는 월세가 아깝다는 생각에 아내와 상의 끝에 도쿄에 집을 사기로 결정했다. 알아볼수록 일본은 한국에 비해 집값이 저렴했다. 또 은행 융자가 100%까지 되는 경우 금리도 0.5% 정도 밖에 안 된다는 사실에 많이 놀라기도 했다.

도쿄의 집값

서울의 집값이 천차만별이듯 도쿄의 집값도 천차만별이다. 하지만 전반적으로 집값은 도쿄가 더 싸다. 대략 서울의 반값 정도라고 느껴졌다. 물론 롯본기 같은 시내 중심의 고층 아파트의 경우 비싼 곳도 있다. 시내 중심부의 고급아파트를 일본에서는 '억션'(맨션+1억엔)이라고 부르기도 한다. 1억엔(약 11억원)의 집이라는 것은 도쿄에서 고급의 상징이다. 반면 강남에서는 10억 원 미만의 아파트를 찾기 힘들 정도니 전반적으로 서울의 집값은 무척 비싸다.

현재 내가 살고 있는 동네는 신주쿠에서 지하철로 10분 거리, 긴자역까지는 25분, 도쿄 역까지는 30분이면 갈 수 있는 동네다. 입지 조건이 좋음에도 불구하고 3층 주택의 가격이 7,000~8,000만엔 정도다. 방 4개, 화장실 2개, 욕실은 별도로 있고 작은 정원도 있어서 텃밭도 가꿀 수 있다. 또 일본에서 보기 힘들었던 온돌시스템(유카단보)도 대부분 설치되어 있다. 시내에서 가까운 곳이 이 정도 가격인데, 도쿄근교나 외곽으로 간다면 집 가격은 훨씬 저렴해진다. 도쿄 중심까지 40~50분 정도 걸리는 거리에 위치해 있는 경우, 2,000~4,000만엔 정도면 방 3개의 맨션을 구할 수 있다. 이렇게 일본의 집값은 잘하면 일반 회사원도 충분히 살 수 있는 가격으로 형성되어 있다.

0.5%의 은행융자

대부분의 일본 사람들은 은행에서 융자를 받아 집을 구입한다. 일명 '주택론'이라는 제도를 통해 집을 구매하게 되는데 금리는 0.45% 정도에서 시작한다. 통상 0.5%대에서 융자를 받는데 재미있는 점이 기본적으로 생명보험이 포함되어 있다. 그리고 본인이 원하면 아주 약간의 금리를 추가하여 암 보험을 들 수 있다. 혹시나 암에 걸리면 차입금을 면제 받을 수 있는 기능도 있다. 은행융자는 은행에 직접 가지 않고 부동산을 통해 가는 것이 일반적이다. 그래서 난 일본으로 출장 왔을 때 몇 군데의 부동산에 들러 상담을 받았다. 당시 모든 부동산에서는 내가 현재 일본에 살고 있지 않아 원천징수표가 없으니 은행융자를 받을 수 없다고 답했다.

살고 싶은 동네도 정해지고 살고 싶은 주거형태도 정해졌지만 은행 문에도 갈 수 없는 상태가 되니 마음이 심란해졌다. 그러던 중 일본 동료로부터 "지역에서 오래된 부동산에 찾아가면 해결할 수도 있지 않을까."라는 조언을 들었다. 그도 그럴 것이 한 지역에서 60년 정도 부동산을 유지할 수 있는 업체라면 그 동네의 은행 및 여러 사람들의 인맥도 탄탄할 것이라는 것이 동료의 의견이었다. 그래서 난 코엔지역 근처의 오래된 부동산을 방문했고, 60대의 노련한 영업부장은 내 이야기를 듣더니 한 마디 거들었다. "얏데미마쇼.(해봅시다.)" 안 된다는 말만 들어 지쳐있었던 나에게 그 말은 시원한 탄산수 같았다. 그 후 일사천리로 집을 구경하고 필요한 서류를 준비해 은행에 제출했다. 결국 전체 금액의 융자가 가능했고 35년 동안 0.54%의 금리로 집을 구할 수 있었다. 일본에서 은행 융자를 받을 때 가장 중요한 것은 다니고 있는 회사의 신용도라고 한다. 물론 영주권이 있거나 일본인 배우자가 있으면 상당히 유리하다. 그래도 지금 소속되어 있는 회사의 규모나 급여의 수준이 가장 중요한 열쇠라고 한다. 그리고 집값의 20~30%를 현금으로 지불할 수 있다면 아주 수월하게 나머지 금액을 융자받을 수 있다고 한다. 결국 수많은 집을 구경하고 우리는 마음에 드는 집을 골랐다. 난 지금 우리 집에 무척 만족하고 있다. 아이들이 계단에 앉아 책을 보는 모습에, 집 앞 작은 정원에서 무럭무럭 자라고 있는 각종 야채들의 모습에, 따뜻한 햇볕에 바짝 마르는 세탁물의 모습에 나와 아내는 미소 짓는다. 그리고 요즘에는 주차장에 들어올 새 차의 소식에 기대를 하고 있다.

오늘도 도쿄로 출근 합니다.

일본의 불편함은
우리의 기회가 아닐까?

일본의 음악방송을 보고 놀란 날

1999년 가을, 난 태어나서 처음으로 비행기를 타고 도쿄에 방문했다. 그 당시 도쿄는 모든 것이 새로웠고 배울 것이 많았다. 한국에서 볼 수 없었던 전자제품과 다양한 문구류, 그리고 가수들의 현란한 무대를 보면서 난 적지 않은 충격을 받았다. 게다가 길거리의 깨끗함과 비싼 물가 그리고 도쿄의 화려한 네온사인을 보면서 한국과 다른 모습에 많이 놀랐던 기억이 있다. 그리고 20년이 지나 다시 방문한 일본은 1999년의 일본과는 다르게 어떤 부분은 단점으로 보이기 시작하며 심지어 불편하기까지 했다.

도쿄에 오고 나서 얼마 지나지 않아 한 방송에서 하는 일반인을 대상으로 한 오디션 프로그램 광고를 보았다. 관객들의 눈물, 심사위원들의 극찬하는 모습이 담긴 예고편을 보며 나와 딸은 기대를 했다. 드디어 방송 당일, 가족 모두 TV 앞에 모여 일본의 오디션 프로그램을 봤다. 맛있는 한국식 양념치킨까지 준비하며 기대했던 방송을 시청했다. 하지만 시간이 지날수록 한국과 비교해 너무나도 엉성한 방송 진행과 노래 실력에 결국 20분 만에 TV를 꺼버렸다. 최근 일본에서는 한국의 음악과 드라마가 인기다. 특히 Netflix와 Youtube를 통해 거의 실시간으로 한국의 드라마와 음악이 일본으로 전달되고 있다. 〈사랑의 불시착〉, 〈이태원 클라스〉는 일본의 국민 드라마라고 해도 과언이 아닐 정도로 일본에서 인기다. 그만큼 한국은 빠르게 성장을 해왔고 이제는 일본의 젊은 사람들이 한국의 드라마와 음악에 푹 빠져있는 2020년, 지금의 일본이다.

▬ ▬ • 일본에게 알려줘야 할 일들

한일관계가 많이 변했다. 1999년에는 한국이 일본에서 배울 것이 많았다면, 2020년에는 한국이 일본에 알려줄 것이 더 많아졌다고 볼 수 있다. 그래서 일본은 더욱 재미있는, 기회가 많은 '이웃' 이라고 생각한다. 전 세계를 강타난 코로나로 인해 일본 역시 아이들이 등교를 하지 못했다. 게다가 우리나라처럼 원격수업도 검토를 했지만 결국 하지 못했다. 이유는 가정집에 인터넷이 되지 않거나 컴퓨터가 없기 때문이라고 한다. 일본에

오늘도 도쿄로 출근 합니다.

는 아직도 신입사원들에게 워드나 엑셀을 가르쳐 주고, 실제 IT업계를 제외한 대부분의 일반 제조업 회사는 아직도 팩스를 이용해 주문을 넣거나 청구서를 보낸다. 코로나로 재택근무를 하면서도 도장을 찍기 위해 회사로 출근하는 일본 회사원들을 보며 쓴 웃음을 짓기도 한다. 일본 정부는 인터넷을 통해 코로나 지원금 신청을 받았지만, 관공서에서는 다시 서류를 출력해 진행하면서 기간이 두 달이나 걸렸다. 이런 시스템을 보며 한국의 시스템을 잘 아는 사람들은 답답함을 호소했다.

━ ● 이런 일본의 답답한 분위기 속에 할 수 있는 사업이 있지 않을까?

한국 네이버에서 진출한 SNS 라인(LINE)의 일본 가입자 수는 8,400만 명을 돌파했다.(2020년 6월 현재) 이 숫자는 일본의 총인구 1억 2,595만 명 (2020년 3월 1일, 총무성 통계국)의 약 66.7%로, 일본 성인이 대부분 사용하고 있다고 할 수 있다. 또 전 세계에서 가장 큰 SNS의 시장을 차지하고 있는 Facebook의 일본가입자인 2,700만 명의 세 배가 넘는다. 최근에는 LINE Pay까지 가세해 일본의 은행들을 긴장시키고 있다.

최근에는 특성화된 중소기업과 IT스타트업 등의 진출도 많아지고 있다. 특히 스타트업의 불모지로 생각되었던 일본에서 성공하고 있는 한국의 '스푼라디오'(오디오계의 유튜브)나 매스프레소의 수학 문제풀이 앱 '콴다'는 일본에서도 화제가 되고 있다. 기업뿐 아니라 개인사업 역시 한국의 빠르고 효율적인 업무처리를 바탕으로 일본의 명함업계, 인쇄업, 음식 배달업 등의 분야에서 화제가 되고 있다. 붐을 일으키고 있는 한국 웹툰과 한국 음식은 일본에 사는 한국인으로서 큰 자부심을 느끼게 해주고 있다.

초등학교 4학년인 큰 딸은 한국에서부터 영어공부를 좋아했다. 일본에서도 공부를 계속하기 위해 학원을 알아봤는데 일본 초등학생을 위한 영어 학원에서는 알파벳부터 가르치기에 진도가 맞지 않았다. 이보다 더 큰 문제는 선생님들의 발음에 있었다. 결국 성인들을 위한 비즈니스 회화반에 들어가서 공부할 것을 권유 받았지만 비용과 맞는 시간을 찾지 못해 좋아하던 영어공부를 이어가지 못하게 되었다.

"왜 일본에서는 영어를 이렇게 느리게 가르칠까?"

불편함이라는 것은 편한 것을 경험한 사람만이 느낄 수 있다. 2020년 일본에서의 삶이 불편하다는 것은 한국에서 그만큼 편함을 느껴 보았기 때문 아닐까. 반면 그들의 삶이 불편하다고 느끼지 못하는 일본 사람들은 편한 것을 경험해보지 못했기 때문일 것이다. 앞으로 일본에 한국식 편함과 빠름 등 장점이 많이 소개되길 바란다. 그래서 앞으로는 교육시장, 업무처리방법 심지어는 행정에도 한국식 장점이 많이 들어오면 좋겠다. 일본에 살고 있는 한국인으로서 한국과 일본의 장단점을 두루두루 살피고 알 수 있다는 특권이 아닐까? 생각해본다.

오늘도 도쿄로 출근 합니다.

통계와 정보
일본은 취업하기 쉬운 곳일까?

18% 많은 대학졸업자, 3배나 많은 큰 기업의 숫자들

한국의 교육통계 서비스인 KESS에 의하면, 2019년 한국 대학 졸업자수는 653,388명으로 그 중 487,061명이 4년제 대학 졸업생이라고 한다. 일본의 2019년도 대학(학부) 졸업생은 572,640명으로 한국과 비교하면 약 18% 많은 대학 졸업생이 있다.

자, 그럼 대학생들이 갈 만한 기업의 숫자는 얼마나 차이가 있을까?

우리 모두는 좋은 기업, 큰 기업, 안정된 기업에서 일하고 싶어 한다. 하지만 현실은 그리 간단하지 않다. 10대 기업은 둘째치고 100대 기업은 어떨까? 다들 알다시피 100대 기업이라고 해도 많은 회사들이 대기업의 자회사와 계열사로 이루어져 있어 회사의 실제 숫자와 다양성은 한정되어

매출액 (JPN)	회사	일본내 순위
29,929,992	도요타	1
3,184,259	관서전력	49
1,164,243	도큐	140
554,590	세이브HD	272

일본내 순위	회사	매출액 (JPN)	매출액 (KRW)
1	도요타	29,929,992	334,614,318
10	이온	8,604,207	96,194,174
50	스미토모 전기	3,107,027	34,736,251
100	야마하 발동기	1,664,764	18,611,895

회사	매출액 (KRW)	한국내 순위
삼성전자	243,771,415	1
현대 자동차	96,812,609	2
SK 트레이딩	34,487,795	12
CJ 제일제당	18,670,060	30

[자료 출처] (한국) CEO스코어: http://www.ceoscoredaily.com/news/article.html?no=55586
2019년 500대 기업(1위~100위)
[CEO스코어데일리/김성춘 기자 / ksc@ceoscore.co.kr] www.ceoscoredaily.com
(일본) MInkabu:https://minkabu.jp/financial_item_ranking/sales?page=14

있다. 그럼, 500대 기업은? 아니 연간 매출 100억을 달성하는 기업은 어떨까?

기업평가사이트 〈CEO스코어〉가 발표한 2019년 우리나라 매출액 순위 500위의 자료에 의하면, 삼성전자가 243조 7714억 원으로 1위를 기록했다. 10위는 현대 모비스, 50위는 대한항공, 100위는 동국제강 순으로 각 기업을 일본 기업의 매출 순위와 비교해 보았다. 우리나라에서 10위하는 기업이 일본으로 가면 49위가 된다. 단순히 말하자면, 우리나라의 TOP10 매출 기업이 일본에는 5배나 있다는 계산이 된다.

100억 원 이상 매출액의 기업 숫자는?

2018년의 통계청 산업별 매출액 규모별 기업 수라는 자료를 보면, 우리나라의 100억 이상의 매출을 올리고 있는 기업의 숫자는 39,540개로 소개되고 있다.

한국의 매출 규모 기업 수

기업의 신용도를 조사하는 일본 전문 회사인 〈리스크 몬스터〉사의 2019년 6월 자료를 보면, 일본에는 1,514,443개의 감사보고서를 제출하는 기업이 있다고 한다. 그중 10억엔 (약 112억 원) 이상의 매출을 올리는 기업은 114,063개로 한국의 약 3배 정도이다.

한국의 매출 규모 기업수

매출규모(억원)	기업수
100~200	21,259
200~400	9,593
400~600	2,985
600~800	1,399
800~1000	868
1000~1500	1,102
1500~	2,334
Total	39,540

일본의 매출 규모 기업수

매출규모 (억엔)	매출규모 (억원) 환율적용11.1799	기업수
10	112	51,484
20	224	18,986
30	335	9,808
40	447	6,106
50	559	4,177
60	671	3,107
70	783	2,402
80	894	1,834
90	1006	1,526
100	1118	7,037
200	2236	2,521
300	3354	2,009
500	5590	1,557
1000	11180	1,509
Total		114,063

[자료 출처] 일본의 매출 규모 기업수https://www.riskmonster.co.jp/

하지만 구직자의 선망의 대상인 1000억 원 이상의 매출을 담당하고 있는 기업은 한국의 경우 4,304개가 있고, 일본의 경우 16,159개로 차이가 좀 더 벌어져 보인다. 단순히 비교를 해보면, 일본과 한국의 대학 졸업생의 숫자는 18%밖에 차이가 나지 않지만 기업의 숫자는 일본이 3배나 많다. 그렇기에 한국보다 일본이 어쩌면 더 취업하기 쉬울 수도 있다. 물론 일본어라는 큰 장벽이 가로막고 있지만 그것을 뛰어넘는 실력이 있다면 이제부터라도 일본 취업을 염두에 두고 공부를 해보는 것도 좋을 것 같다.

도전을 매일 실천하는
N잡러

이윤정
[40대 / 여자 / 그래픽디자인사무소 대표]

한국에서 광고대행사 2년 차일 때 회사를 그만 뒀다. 일본어를 마스터하겠다는 핑계로 무작정 일본으로 건너가 현재 파라과이 국적의 남편과 결혼해 20년째 도쿄에 살고 있다. 영주권을 획득한 후 회사를 그만두고, 프리랜서 그래픽 디자이너로 독립했다. 그 외에도 플라워 캔들 워크숍 사업, 민박 사업, 요리교실, 팝업바 운영 등 N잡러로 자유롭게 여러 일에 도전 중이다. 또한 세계를 돌아다니며 일하는 노마드 워커에도 도전하고 있다.

Time Line

2000 일어학교를 다니며 일본 생활 시작
2001 디자인 비즈니스 전문학교 졸업 후 디자인 회사 근무
2008 디자인 제작회사의 간부로 근무
2011 영주권 획득
2012 광고대행사 근무
2014 결혼 & 주택 구입
2017 디자인 사무소 Descanso로 독립
2019 플라워 캔들 사업 시작

Contact

instagram: DESCANSOYUN
　　　　　 MASNMENOS(플라워워크숍)
facebook: descansoyun
brunch: @descanso
https://www.descanso.jp

패러렐 워커
일본에서 급증하고 있는 워크스타일

항상 3마리의 토끼는 잡고 있어라

"어때? 힘들지? 커피나 한잔할까?"

도쿄에서 전문학교를 다니고 있던 어느 날, 교실에 남아서 숙제를 하던 친구와 나를 보신 부교장 선생님이 커피 한잔을 제안하셨다. 그렇게 우리는 선생님을 따라 하라주쿠 뒷골목의 어느 고즈넉한 카페에 들어갔다. 여태 거리감 있었던 부교장 선생님은 우리에게 본인의 파란만장했던 인생 이야기를 들려주셨다. 그러고 하시는 말씀.

"살아가면서 항상 3마리의 토끼는 잡고 있어야 해. 하나만 너무 완벽하게 하려고 하지 말라는 거지. 하나에만 너무 집중하다 보면 인생에서 중요한 다른 무엇인가를 놓칠 가능성이 높거든. 먼저, 지금 본인들에게 중요하다고 생각되는 3마리의 토끼를 정해. 그리고 그 3마리의 토끼에 힘을 골고루 분산시켜, 3마리 놓치지 말고 지켜나가도록 해. 어느 한 마리라도 놓치지 않도록 말이야. 예를 들어 너희들은 학생들이니까 첫 번째 토끼가 학교라면, 나머지 2마리도 정해 봐. 연애도 좋고, 아르바이트나 취미도 좋아. 하나만 100점 받으려 말고, 3개를 골고루 70~80점을 유지하려고 노력하는 것이 건강한 인생이란 거지. 잊지 마. 상황이 바뀌면 본인의 중요한 3마리 토끼의 내용도 변하겠지만 항상 3마리 토끼는 놓치지 말고 잡고 있을 것!"

당시 학비와 생활비를 악착같이 벌어가며 시간과 돈에 허덕이고 있던 나는 그 이야기를 듣는 순간 마음이 편해졌다.

'100% 잘 할 필요는 없어. 우리가 살아가는 목적은 1등이 아니라 행복하기 위한 거니깐.'

이 후, 내 중심의 잣대를 '나의 행복'에 두었다. 이 일은 내 삶에 행복을 가져다주는가. 이 일을 계속했을 때 나는 행복한가. 이 일을 하며 3마리 토끼 잡는 것이 가능한가. 만약 그렇지 않다면 그만 두거나 다른 방면에서 행복할 수 있는 일을 찾으려 했다. 그러다 보니 지금 현재 그래픽 디자이너, 민박 운영, 팝업바 운영, 워크숍 운영 등 다양한 일을 동시에 하고 있다. 많은 사람들이 나에게 '도대체 무엇을 하는 사람이냐'고 물으면 이렇게 말한다.

"저는 패러렐 워커입니다."

■ ● '패러렐 워커'란?

'패러렐 워커'는 최근 일본에서 유행하는 용어로, 한국의 'N잡러'와 같은 말이다. '패러렐(Parallel)'이란 사전적 용어는 '병행, 평행'이란 뜻으로, '패러렐 워크'란 말 자체는 미국의 경영학자 피터 드러커(Peter Drucker)의 책「지식근로자의 자기 개발편, 21세기 지식경영」(1999년 발행)에서 소개된 워크스타일 중 하나다. 쉽게 말하면 한 가지 일에 의존하지 않고 동시에 여러 가지 비즈니스를 진행하는 워크 스타일이라고 할 수 있다.

인터넷에서 'N잡러'와 '투잡'을 같은 의미로 사용하는 경우를 간혹 봤는데, 둘은 엄연히 다른 의미를 가지고 있다. '투잡'은 기본적으로 본업에 수입을 의존하고 비중이 약한 다른 일을 부업으로 하는 스타일을 말한다. 반면 'N잡러'는 2개 이상의 일을 본업으로 비중을 두고 일하는 사람을 말한다. '투잡'의 의미는 단순히 수입에 비중을 두고 있어 본업과 부업의 구분이 확실한 편이다. 하지만 'N잡러'는 본업과 부업의 경계가 없다. 모든 일들이 자아성취를 위한 것이며, 지속하기도 하고 그만 두기도 하는 유동적 스타일이라고 할 수 있다. 결론적으로 생계를 위한 것이 아니라 자아 실현을 위해 복수의 일하는 사람을 'N잡러'라 할 수 있다.

▬ ● 왜 일본에서는 패러렐 워커가 급증할까

최근 몇 년 동안 일본에서는 새로운 워크 스타일의 하나로 '패러렐 워커'가 강조되고 있다. 실제로 패러렐 워커로 일하고 있는 사람들의 성공담을 이야기하는 세미나나 강연도 많다. 내가 아는 사람 중에도 5명의 아이 엄마이면서 컨설팅과 SNS를 통한 이커머스(E commerce) 회사를 운영하는 사람도 있다. 또 회사생활을 하면서 본업 외로 색다른 아이디어로 사업을 기획·경영하는 청년들도 증가하고 있다. 또한 패러렐 워커를 지원해주는 인터넷 서비스도 계속해서 늘어나고 있는 추세다.

일본은 일의 양에 비해 인력이 턱없이 부족하며 앞으로도 인력난은 더 심각해질 것으로 보인다. 그래서인지 일본 사회에서는 역량 있는 사람이라면 여러 가지 일을 하는 것도 괜찮다는 분위기이다. 기업 쪽에서도 부업을 승인하는 곳이 점점 늘고 있고, 정부에서도 부업을 할 수 있는 환경 만들기에 힘을 쏟고 있다.

오늘도 도쿄로 출근 합니다.

(참고) 패러렐 워커를 지원해주는 인터넷 서비스

*슈마츠 워커(shuuumatu-worker): '주말 워커'란 뜻으로, 주 10시간부터 스타트업 가능한 플랫폼 서비스 https://shuuumatu-worker.jp/

*카쿠토쿠(kakutoku): 영업을 부업으로 하고자 하는 사람을 연결시켜주는 플랫폼 서비스(리모트 가능) https://kakutoku.jp/

*고잉고잉 로컬(Going Going Local): 지방의 산업과 인재를 매칭하여 리모트로 업무가 가능한 플랫폼 서비스 https://going-going-local.com/

*팀 랜서(Teamlancer): 패러렐 워커, 프리랜서를 중심으로 프로젝트 팀을 모집하는 플랫폼 서비스 https://teamlancer.jp/

　장수(長壽)의 나라 일본은 오래 전부터 100세 시대가 당연시되면서 정년퇴직 이후의 삶에 대해 많은 고민을 해오고 있다. 단순히 편안한 노후를 보내는 것이 아니라 나이가 들어서도 뜻 깊은 일을 해야겠다고 생각하게 되고, 그러면서 노후에 할 수 있는 '하고 싶은 일'을 찾자는 분위기가 만들어진 것이다. 이것은 조직이 아닌 개인을 중심으로 한 미래지향적인 워킹스타일로 바뀌어 가고 있는 사회 진화의 모습이라고 생각한다. 어쩌면 가까운 미래에는 한국도 'N잡러'를 당연시 여기는 그런 사회풍토가 될 것이다. 특히 일본의 많은 회사들은 코로나를 계기로 일하는 스타일을 전격적으로 바꾸어가고 있다. 사람들 역시 조직을 위한 삶이 아닌 개인의 행복을 추구하는 유동적인 워크 스타일을 추구하는 추세로 가고 있음을 체감하고 있다.

━ ● 패러렐 워커의 첫 번째 장점은, 리스트를 분산할 수 있다는 것.

본업이 회사원의 경우, 정해진 월급이 삶을 보장해 준다. 하지만 그 회사나 월급은 과연 영원히 안전할까? 회사도 구조조정이나 정리해고가 있을 것이고 회사 자체가 부도가 날 가능성도 있기 때문에 회사원도 리스크가 없다고 할 수 없다. 나처럼 프리랜서나 자영업의 경우, 기본 수입이 일정치 않고 외부 요소에 의해 크게 영향을 받기 때문에 금전적인 불안함에 직면해 있다. 항시 불안정하다. 예를 들어, 이번 코로나 사태로 인해 가장 먼저 타격을 받은 부분은 민박사업이었다. 4월경 일본은 하나미*를 즐기는 외국 관광객이 가득하다. 우리 민박도 예약이 거의 차있는 상황이었는데 코로나로 인해 100% 취소되었다. 하지만 다행히 집에서 온라인으로 할 수 있는 다른 일들이 새롭게 생겨 수입을 지속할 수 있었다. 이런 것처럼 여러 가지 일을 갖고 있으면 상황에 따라 조정해가며 리스크를 분산시킬 수 있다. 주변에 여러 가능성을 비축해 두고 있어 갑자기 수입이 제로가 되는 상황은 피해갈 수 있다는 것이다.

* 벚꽃놀이

━ ● 두 번째 장점은, 인맥이 넓어진다는 것.

한 가지 일만 했을 때, 본업과 관련한 사람들 외 다른 사람들을 만나는 것은 쉬운 일이 아니다. 하지만 여러 가지 일을 했을 때, 여러 방면의 다양한 사람들을 만날 기회는 많아질 것이며 그 인맥들이 시너지 효과를 보여줄 때도 있을 것이다. 나의 경우, 요리교실이나 워크숍, 팝업바 등으로 다양한 사람들과 친해질 수 있는 기회를 가질 수 있는데, 요리교실에서 도매 꽃시장에서 일하고 있는 사람을 만나 지금 함께 드라이플라워 캔들 사업을 시작하게 되었다. 인맥에는 선이 없다. 내가 하고 있는 일들을 어필했을 때 의외의 연결점에서 들어온 인맥으로부터 전혀 다른 비즈니스를 의뢰받을 때도 있다. 인맥은 정말이지 나의 가장 큰 재산이다.

━ ● 세 번째 장점은, 시간과 일의 관리능력이 늘어난다는 것.

실제로 여러 가지 일을 하게 되면 똑같이 반복되는 날이 없다. 하루에 여러가지 일을 동시에 처리해야 할 때도 있으나 일주일동안 아무런 계획이 없을 때도 있다. 한 장소에서 하나의 일을 해야 된다는 관념도 없다. 가령 민박 빨래를 돌리며 디자인 작업을 하거나, 워크숍을 하면서 민박 손님 관리를 할 때도 있다. 여러 가지 일을 하기 때문에 머리가 복잡하거나 시간이 모자랄 수도 있지만 그럴수록 효과적인 시간 운용을 하려고 노력

한다. 복잡한 일을 정리할 수 있는 스킬, 우선순위를 정해서 실행하는 스킬이 늘어 어느 순간 시간을 효율적으로 이용하는 달인이 될 수도 있다.

이렇게 많은 장점도 있지만 단점도 분명히 존재한다.

일정한 월급을 받는 것이 아니기 때문에 수입이 항상 불안정하다. 또한 여러 가지 일을 동시에 진행하거나 생각해야 하기 때문에 한 가지 일에 전력을 쏟기에 무리일 때도 있다. 특히 내 경우, 당장 이익이 나지 않는 일에 욕심을 부려 오랫동안 붙잡고 있을 때도 있다. 그럴 때마다 정신적·육체적 부담이 올 수 있으며 머릿속에 너무 많은 것들이 돌아가고 있어서 주변에 신경을 못 써줄 때도 있다. 이럴 때 제일 중요한 것은 삶의 균형 감각이다. 무엇이든 항상 30% 정도의 여유를 가지고 적당히 조절해야 한다. 또 한참 달리고 있을 때도 주변을 살펴보는 너그러움은 필수이다. 그리고 이 불안정함을 부정적인 의미가 아닌 긍정적인 것으로 받아들이고 오히려 이 상황을 즐기며 현명하게 대처하는 자세가 필요할 것이다.

패러렐 워커를 잘 해 낼 수 있는 비결

누구에게나 패러렐 워커를 추천하는 것은 아니다. 사람에 따라 맞는 사람과 맞지 않는 사람이 있다. 또한 우리는 일본에서는 외국인이니 각자

오늘도 도쿄로 출근 합니다.

해당 비자에 저촉 받지 않는 범위에서 활동해야 하는 것이 중요하다. 참고로 내 경우는 일본에서 영주권을 받고 나서야 이 모든 것들이 가능했다. 패러렐 워커를 시도해 보고 싶은 사람들을 위해 나의 경험을 바탕으로 한 몇 가지 팁을 공유해 보고 싶다.

첫 번째, 시작하는 일에 명확한 동기부여가 있을 것.

일을 하다 보면 수입이 많은 쪽을 우선시하게 되는데, 그러다 보면 자신이 원래 하고 싶었던 일을 미루기 십상이다. 이 일을 왜 시작하게 되었는지, 왜 하고 싶은지, 나중에 어떻게 키우고 싶은지 등 명확한 동기부여가 없으면 지속하기 어렵다. 패러렐 워커는 생계유지를 위해 마지못해 일을 하는 것이 아니다. 자아성취가 목적이니 만큼 이루고 싶은 확실한 나의 목표와 치밀한 시간관리가 필요하다.

두 번째, 자기가 할 수 있는 영역에 선을 그을 것.

모든 일을 하나부터 열까지 본인이 해결하려고 하는 사람이 있다. 여러 가지 일을 할수록 가능하면 남에게 맡길 수 있어야 한다. 본인이 손을 거치지 않으면 안 되는 일만 하되 우선순위가 낮은 일이나 소소한 일은 본인의 손을 떠나야 한다. 무조건 남에게 부탁하라는 것이 아니라 효율성을 가지고 일을 하라는 것이다. 내 경우를 예로 들자면, 홈페이지나 카탈로그 작업에서 대량의 사진을 클리핑*을 해야 할 때가 있는데 내가 할 수 있지만 가능하면 외주를 맡긴다. 간단한 일에 시간과 체력을 낭비하면 정작 중요한 일을 할 때 힘을 내지 못하기 때문이다. 이처럼 단순 작업은 외부에 부탁하고 문제가 생겼을 때 도와줄 수 있는 사람도 찾아놓으면 마음이 든든하다. 세금 같은 부분은 전문가에게 맡기거나 인터넷 유료 회계 서비스를 이용하는 방법도 있다. 요즘은 저렴한 가격에 이용할 수 있는 백백 오피스(back office) 관련 시스템들이 많이 나와 있으니 자신에게 맞는 서비스를 찾아 사용하는 것도 팁이다.

━ ● 세 번째, 비즈니스는 시너지 효과가 있는 일을 선택할 것.

전혀 상관없는 A와 B라는 일을 동시에 진행하게 되면 어느 순간 정신적, 체력적인 한계가 찾아오게 된다. 하지만 A라는 일을 함으로써 B라는 일의 위상이 높아지는 등 상호 플러스가 된다면 시너지 효과를 낼 수 있다. 예를 들어 동영상을 제작하는 사람이 유튜브에서 동영상 제작법을 알려줄 때, 유튜버로써 수익을 얻는 것 외에도 그 영상을 보고 의뢰하는 사람이 늘어나거나 강연을 요청받을 수도 있을 것이다. 한 10년 전만 해도

---

* 웹상에서 신문이나 잡지의 기사를 오려 내어 보존하는 조작. 포토샵 작업 중 사진파일을 배경에서
  오려내는 작업

오늘도 도쿄로 출근 합니다.

부업은 먹고살기 힘들어서 한다는 인식이 있었던 것 같다. 하지만 요즘은 인식도 많이 바뀌고 부업을 지원하는 서비스도 많이 생겨서 다양한 비즈니스에 도전하기 쉬워졌다. 코로나를 겪으면서 세상은 또 다시 변하고, 덕분에 우리의 인식 자체도 더욱 성장할 것이라 믿는다.

미친 듯이 일했던 도쿄의 직장인 시절

도쿄에서의 첫 직장

전문학교 졸업 후 일본에 온 지 딱 만 2년이 되던 해, 긴자 한가운데 있는 어느 광고디자인 오피스로 출근하게 되었다.

한국에서 직장생활을 하다가 온 나는 하루라도 빨리 취업을 하기위해 1년제 전문학교에 들어갔었다. 1년제라 봄에 입학해 여름방학에 인턴을 나가고 가을에 취직을 확정해야 하는 무척 빠듯한 스케줄이었다. 게다가 디자인 업계에서는 외국인을 우대할 이유가 없었기 때문에 같이 졸업한 한국 학생들의 태반은 취직이 되지 않아 한국으로 돌아가야만 했다. 그러고 보면 나는 운이 좋게 디자인 업계에 무사히 취직한 케이스이다.

당시 난 일본에서 제일 큰 광고대행사 근처 음식점에서 아르바이트를 하고 있었다. 손님들 대부분은 광고업계 사람들이었다. 그러던 어느 날, 밤늦게 찾아오는 단골손님이 'OO크레이티브'에서 일하는 것을 알게 되었다.

"디자인 회사이신가요? 밤늦게 수고가 많으십니다. 저도 한때 야근 많이 했었는데. 지금은 그게 그렇게 그립네요."하며 넌지시 나의 디자이너 경력을 어필했다. 그러자 그 분은 상당히 놀라며 언제 한 번 회사에 놀러 오라고 하셨다. 기회를 놓칠세라 바로 약속을 잡고 회사를 방문했다. 그 인연으로 회사의 간단한 일을 한두 번 도와주게 되었고, 여름방학 동안 회사에서 인턴연수를 하게 되었다. 2주 동안 내 능력을 열심히 발휘하였고 다행히 실력을 인정받아 그 회사에 내정을 받게 되었다.

그 회사는 일본에서 가장 큰 대행사의 하청 프로덕션이었다. 일을 할 수 있어서 좋았지만 예상한 것보다 업무량은 무지막지하게 많았다. 할 일이 산더미 같이 쌓여 있었고, 한 달에 두세 번은 휴일에도 회사에 출근해야 했다. 상사에게 항의했지만 디자인은 시간을 투자하면 할수록 좋은 작품이 나오는 것이라며 '참아라!'는 답변만 들었다. 그런 날이 계속되자 일요일에는 다음 날 회사 갈 생각에 눈물이 났고, 일하던 중 허리디스크가 생겨서 하루 종일 회사 구석 소파에 뻗어있던 적도 있었다. 한국이나 일본이나 디자인 회사의 잔업은 숙명이지만 '이건 아니다.'라고 판단, 1년 반만에 도쿄에서의 첫 직장을 그만뒀다.

■ ■ ● 정당한 잔업을 위한 선택, 파견사원

디자인 업무와 잔업은 늘 한 세트이다. 나는 잔업이 무조건 싫은 것이 아니라 단지 납득이 가지 않는 잔업이 싫었다. 최근 노동법이 많이 강화되면서 잔업을 줄이기 위한 규칙이 조금씩 생기고 있다. 특히 몇 년 전, 일본 최고의 광고대행사의 한 신입사원이 상사의 괴롭힘과 심한 잔업으로 자살한 사건이 있었다. 일본 최고의 광고회사에서 도쿄대 출신의 인재가 자살한 사건이라 당시 큰 이슈가 되었다. 그 후 노동청에서는 업계에 대한 감시를 강화하고 잔업을 없애기 위한 여러 시스템을 도입하기 시작했다. 일정 예상 잔업수당을 계산해 고정 잔업수당(みなし残業代)*을 적용하거나 늦게 퇴근하면 늦게 출근해도 되는 유연 시간제(플렉스제)를 도입하는 회사도 있고, 코어타임만 지키면 출퇴근은 자유로운 회사도 생겼다. 최근에는 원격근무(리모트 워크)로 일을 하고 회사는 일주일에 한 번만 가는 회사도 많이 생겼다.

나는 잔업에 대해 정당하게 대우받는 파견사원의 길을 선택했다. 물론 잔업은 계속 많았지만 그나마 플렉스제를 시행해 오후에 출근하는 경우

---

* 잔업수당을 측정하여 월급 안에 일정치의 고정잔업수당이 지급되는 것을 말한다. 예를 들어 '월 30시간 잔업 포함'이라고 고용계약서에 명시된 경우, 30시간까지 잔업수당이 월급에 포함되어 있다는 뜻이다. 간혹 이 제도를 악용하는 회사가 있으니 주의하기 바란다.

　　　　　　　　　　　　　오늘도 도쿄로 출근 합니다.

가 많아졌다. 또 일을 마치고 회사를 나오는 순간부터는 회사 걱정을 할 필요가 없었기 때문에 스트레스가 덜 했다. 또 파견사원은 잔업수당도 있었기 때문에 정사원보다 1.5~2배 정도 많은 급여를 받을 때도 있었다. 하지만 파견이 다 좋은 것은 아니었다. 파견사원은 급할 때 쓰고 회사가 위험할 때는 버릴 수 있는 보조 인력이기 때문에 사회적으로 인정을 받기가 어려울 때도 있어 괴리감을 느낄 때도 있었다.

━ ● 간부직원이 되어 혼신을 다해 일하다

광고제작회사로부터 신규 자회사의 간부직원 자리를 제안 받았다. 새로운 회사의 창립 멤버이기도 해서 밤낮을 가리지 않고 일을 했다. 애정이 있어서인지 이 때의 잔업은 그다지 힘들지 않았다. 하지만 행복도 잠시, 2009년 리먼 쇼크로 일본 광고업계에 사상 최고의 불황 사태가 찾아왔다. 그러던 어느 날, 사장님이 모든 직원들을 회의실로 호출했다. 그리고 말했다.

"여러분 미안하지만, 이 회사는 9월부로 해체하도록 하겠습니다."

아니… 왜? 너무 황당한 상황이었다. 애정이 있었던 것만큼 속상하고 분통 터졌지만 어쩔 수 없었다. 내가 사장이 아닌 이상 명령에 따를 수밖에 없었다. 당시 난 몇 년간 일만 한 탓에 남자친구와도 헤어졌고, 회사가 해체되는 바람에 일도 없어졌으며, 일이 없어져서 돈도 없어지고 있었다.

이것을 두고 최악의 도미노라고 하는 것일까. 선생님이 말씀하셨던 3마리 토끼는 모두 어디론가 사라지고 없었다.

━━ ● 위기를 찬스로!

엎친데 겹친 격으로 2011년 3월 11일 동북대지진이 일어났다. 내정받기 직전의 회사는 채용을 취소했고, 난 할로워크(ハローワーク)*에서 석 달 동안 실업급여를 받으며 생활했다. 할로워크에는 한국처럼 직업교육원도 있는데, 한 달에 10만엔 정도 지원금을 받아가며 6개월간 교육받을 수 있는 제도가 있었다. 이 틈에 웹디자인 공부를 하기로 했다. 그 와중에 기쁜 소식도 있었다. 바로 영주권이 나온 것이다. 영주권이 나온 이상 디자인 외의 일을 해도 상관없기 때문에 못 해봤던 일들에 도전해보기로 결심했다. 그래서 생각해 낸 것이 바텐더였다. 예전부터 셰이커로 칵테일을 만드는 바텐더가 선망의 대상이었다. 마침 신주쿠 골덴가이(ゴールデン街)에서 바텐더를 하는 친구가 있었는데, 그 친구가 "매일 점주가 바뀌는 쉐어링 바가 있으니 한 번 해보는 게 어때?"라는 것이었다. 당시 일본에서는 1일 단위로 장소비만 내면 그 안의 시설을 이용해 메뉴부터 콘셉트까지 자유롭게 운영 가능한 쉐어링 시스템이 유행하기 시작했었다. 도전하는 것

* 일본 노동청에서 운영하는 구직센터

오늘도 도쿄로 출근 합니다.

을 좋아했던 나는 당장 하겠다고 달려들었다. 어릴 때부터 세계여행과 여러 나라 사람들과의 교류를 좋아했기에 '여행' 관련 바를 만들고 싶었다. 그래서 '세계를 떠도는 망상의 여행 – 에어트립(AirTrip)'이라는 콘셉트로 팝업바를 열기로 했다. 한 달에 한 번, 한 나라를 정해 그 나라의 음식과 술, 음악, 패션이 가득한 팝업바를 개최한 것이다. 예를 들어, 모로코라는 나라로 정하면 모로코의 맥주를 비롯한 칵테일과 음식을 준비하고 음악과 장식도 모로코 스타일로 가상의 모로코를 연출하는 것이다. 이렇게 매달 독일, 스페인, 터키, 브라질 등 여러 나라들에 대해 공부하며 가게를 운영했다. 에어트립은 늘 손님이 가득했고 입소문을 타고 유명해져서 방송에 소개되기도 했다. 이 일을 계기로 나는 무슨 일을 주최하는 것에 대한 매력을 느끼기 시작했다. 물론 육체적으로 힘들기도 했다. 하지만 그때의 성취감을 잊을 수 없어 회사를 다니기 시작한 후에도 몇 년 동안 에어트립을 계속 이어갔다.

▬ ● 프리랜서로 독립하기 위한 준비운동

동일본 대지진 다음 해부터 일본 경기도 조금씩 회복되기 시작하였다. 이제 나의 목표는 파견사원도, 정규직도 아니었다. 진정한 나를 위한 삶을 위해 프리랜서로 독립해야 한다고 생각했다. 디자인 업무 특성상 자본 없이 바로 독립이 가능했지만, 그렇다고 섣불리 시작해서는 안 되는 일이었다. 그래서 준비운동 하듯 조금씩 독립하기 위한 근육을 키워나가는 시간을 갖기로 했다.

준비운동 1. 나만의 집 마련하기

첫 번째는 나의 집을 사는 것이었다. 일본의 주택대출 금리는 굉장히 저렴했다. 하지만 조건이 까다로워서 정규직 회사원이 아니면 은행에서 주택대출을 받기 어려웠다. 회사에 정규직으로 들어가더라도 최소 3년 이상 연속으로 근무해야 주택대출이 잘 나오기 때문에 "회사를 그만두려면, 무조건 회사 다닐 동안 주택대출로 집을 사고 나서 회사 그만두는 게 좋아"라고 독립한 선배들은 조언을 한다.

준비운동 2. 클라이언트와 인맥 만들기

고정 수입을 위해서는 회사를 그만두기 전, 클라이언트를 만들어 놓아야 한다. 일본 대기업들은 리스크를 꺼리기 때문에 개인 사업자와는 거래를 하지 않으려 한다. 일로서 인정을 받고 신뢰 관계가 쌓여있어도 개인 사업자로 독립하는 순간, 대부분의 기업들은 상대조차 하지 않는다. 나의 경우, 초반에는 주변 사람들의 도움이 컸다. 생수사업을 시작하는 친구가 나에게 브랜딩부터 프로모션까지 나를 믿고 부탁한 것이었다. 그렇게 일을 시작하면서 SNS를 통해 홍보하기 시작했고 아는 사람들로부터 의뢰가 들어왔다. 정기적으로 일이 들어오기 시작하면서 어느 정도 수입이 만들 어졌다.

준비운동 3. 웹디자인 마스터하기

할로워크에서 웹디자인을 공부하고 실무로 5년 동안 일을 했다. 이 경 험이 없었다면 독립했을 때 많이 힘들었을 것이다. 또한 팀워크로 어떻게 일을 하는 지도 배울 수 있었기 때문에 독립한 지금 아웃소싱 하는데 큰 도움이 된다,

준비운동 4. 혼자서 견적 낼 줄 알기

디자인 업무에서 견적은 아주 중요한 실무이다. 하지만 조직에 있으면 각 분야의 전문 부서가 있기 때문에 디자이너들은 영업에 대해 경험치를 쌓을 수 없다. 직장생활을 하는 동안 다양한 외부 거래처와의 견적내기와 서비스에 대한 가격 책정의 노하우 등 미리 공부해두면 독립 후 많은 도 움이 된다.

준비운동 5. 외부 네트워크의 확보

같이 할 인적 네트워크를 확보하는 것이 중요하다. 회사에 소속 되어있는 동안 인쇄 업체부터 카피라이터, 포토그래퍼, 일러스트레이터, 웹기술자 등 많은 외부 네트워크와 업무를 진행했다. 실무를 직접 했기에 각각의 장단점을 파악하고 있었다. 외부 네트워크의 경우, 종류가 많을수록 질이 좋을수록 역량은 더욱 막강해 진다. 또한 이 네트워크를 소중히 여기고 좋은 관계를 유지하자. 나중에 내가 성장할 수 있는 밑거름이 될 테니깐.

굿바이
샐러리맨 생활!

■ ■ ● 웃으며 회사 그만 두기

회사를 다니는 동안 결혼을 하고 집도 샀다. 가끔 팝업 바도 열고 요리 교실도 할 만큼 삶의 여유도 생겼다. 여러 사람들을 만날 기회가 많아져 인맥도 늘어났다. 그러다보니 개인적인 의뢰도 늘어나기 시작했다. 드디어 '그 날'이 온 것 같은 예감이 들었다. 회사를 그만둘 때 적을 만들면 안 된다고 누군가 말했던 것 같다. 사실 회사를 다니다가 깔끔하게 그만 두는 사람들을 거의 보지 못했다. 그런데 내 경우는 조금 달랐다. 그만 둘 뉘 앙스를 남겨서일까? 나의 준비운동을 눈치 챈 것일까? 문제없이 깔끔하게 퇴사할 수 있었다. 그 덕에 일을 그만 둔 지금도, 예전 회사와 파트너 관계가 되어 가끔 회사에 찾아가기도 하고 송년회에 초대받기도 한다.

━ ● 해보고 싶은 것을 비즈니스로

나는 20여 년간 그래픽 디자이너라는 이름으로 회사를 다녔다. 지금은 프리랜서로 일하고 있지만 회사 생활을 하면서 디자인 외에도 관심 있는 분야에 계속 도전해왔다. 솔직히 해보지 않고서는 나한테 맞는 일인지 아닌지 알 수 없지 않은가! 현재 디자인일 외에 어떤 일을 하고 있는지 소개를 해보려 한다.

1. 민박사업

결혼과 동시에 3층짜리 주택을 구입하여 1층의 남는 방 하나를 '에어비앤비(airbnb)' 민박으로 운영하고 있다. 2018년 법이 정해지면서 시작하기 까다롭고 180일이라는 운영 가능 조건이 있지만, 작년에는 여기서 나온 수입으로 매 달 내는 주택대출의 60%를 대체할 수 있었다. 사람 만나는 것을 좋아하는 나로서는 자연스럽게 다양한 사람들을 만나고 수입도 들어오고 일석이조이다. 체크인/체크아웃 때 신경을 쓰고 청소하는 것 말고는 특별히 시간도 많이 뺏기지 않아 부담스러운 일도 아니다. 언젠가 경치 좋은 곳에 호스텔을 지어 운영하는 것이 꿈인데 분명 이 경험이 도움이 되리라 믿는다.

오늘도 도쿄로 출근 합니다.

에어비앤비로 운영 중인 우리집

2. 드라이플라워를 이용한 공예품 워크숍 사업

친하게 지내는 이웃 중 새벽 꽃시장에서 일하는 50대 아주머니가 있다. 난 그녀에게 같이 비즈니스를 하자고 제안했다. 나의 디자인과 비즈니스 노하우, 그녀의 꽃에 대한 정보력과 넓은 네트워크로 무엇인가를 해보면 괜찮을 것 같았다. 그래서 드라이플라워와 왁스를 이용한 생활 잡화를 만들어 판매하고 소규모 워크숍을 메인으로 하는 유한책임조합(LLP) 형태의 사업체를 설립하였다. 아직은 대단한 수입이 들어오지 않지만 좀 더 깊게 공부해 제대로 된 사업으로 만들고 싶다는 생각을 하고 있다.

3. 요리교실이나 팝업 바 등 요식업

회사를 다니던 시절, 매주 일요일마다 비스트로 창업 스쿨에 다녔다. 하지만 혼자 하는 요리는 신나지 않았다. 그러던 중 인터넷에서 'Tadaku*'란 사이트를 발견했다. 'Tadaku'는 일본에 거주하는 외국인이 자신의 집에서 자기 나라 음식을 가르쳐주는 서비스인데 재미있을 것 같아 바로 신청을 했다. 내 메뉴는 김밥, 떡볶이, 닭갈비, 양념치킨 등 한국 음식이었는데, 여러 번 반복하다 보니 노하우가 생겼다. 가르쳐 주면서도 즐거웠지만 같이 음식을 먹고 나누는 시간이 행복했다. 어떤 형식의 비즈니스가 될지는 모르겠으나 언젠가 경영자로서 이런 경험이 쓰일 날이 있을 것이라 믿는다. 남편과 힘을 모아 음식 관련 일에도 도전해보고 싶다.

---

* 일본에 거주하는 외국인의 집에서 모국의 요리를 가르쳐 주고 같이 식사를 하며 교류하는 요리체험 사이트. 현재 문화 체험 사이트인 TABICA와 합병되었다. (https://tabica.jp/)

오늘도 도쿄로 출근 합니다.

통계와 정보
일본은 지금, 다들 부업하는 분위기?

　지금 일본은 심각한 저출산·고령화에 따른 인력난으로 일손이 없어 도산하는 회사가 늘어가고 있다. 이러한 인력난의 긴급정책으로 일본 정부는 2017년 「근무방식 개혁 실행계획」이 발표하여 국가적인 차원에서 근무방식의 변화를 추진하고 있다. 그중 하나로 정규 직장인의 부업·겸업을 원칙적으로 허용한다는 내용이 있다. 유연한 근로방식을 지향한 환경 정비의 항목에서 부업·겸업을 '원칙적으로 용인'하는 것으로 변경했다. 참고로 가이드라인에서는 부업·겸업에 따른 장시간 노동으로 건강 악화, 불성실 근무, 기업 기밀누설 등의 문제에 따른 기본 규칙도 명시가 되어 있다.

〈후생노동성의 부업 · 겸업 가이드라인의 내용(일부)〉

부업·겸업을 희망하는 이유

1. 지금보다 수입을 늘리고 싶다.

2. 자기가 하고 싶은 일을 해 보고 싶다.

3. 스킬업(자기개발)을 하고 싶다.

4. 가지고 있는 자격을 활용하고 싶다.

부업, 겸업의 장단점

	근로자의 입장	기업의 입장
장점	-소득의 증가 -본업에서 취득할 수 없는 스킬이나 경험 축적 -새로운 인맥 형성	-사원의 자기개발 -사원이 부업으로 얻은 인맥으로 사업의 기회 확장 -우수한 인재 획득 및 인재 정착으로 연결
단점	-과로로 건강에 나쁜 영향 -워크 라이프 밸런스 유지 곤란	-충분한 휴식을 취하지 못해 본업이 소홀히 될 가능성 -부업하는 곳으로의 이직 가능성 -기밀 정보가 누설될 위험

오늘도 도쿄로 출근 합니다.

직장인의 부업·겸업 희망자가 매 년 늘어나고 있는 경향

일손은 없고 일자리는 많고 나라에서도 부업을 장려하는 분위기가 되다 보니 요즘 일본의 직장인들은 좀 더 자신이 원하는 일, 조금 더 소득이 높은 곳으로 쉽게 일자리를 옮기거나 부업·겸업을 희망하는 사람이 점점 늘어나고 있다.

본업, 연봉별 부업을 하는 사람의 비율을 보면, 본업 연수입이 적은 쪽

수입별(본업) 부업을 하고 있는 사람의 비율

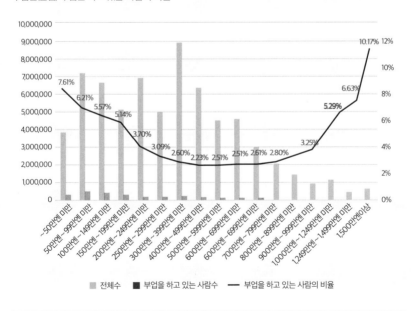

[출처] 일본 총무성 「취업구조기본조사」

본업의 수익	전체수	부업을 하고 있는 사람수	비율
~50만엔 미만	3,765,600	286,700	7.61%
50만엔~99만엔 미만	7,318,500	461,900	6.31%
100만엔~149만엔 미만	6,653,000	370,900	5.57%
150만엔~199만엔 미만	4,823,700	248,000	5.14%
200만엔~249만엔 미만	6,863,300	254,100	3.70%
250만엔~299만엔 미만	5,123,400	155,300	3.03%
300만엔~399만엔 미만	8,885,600	230,600	2.60%
400만엔~499만엔 미만	6,410,100	147,700	2.30%
500만엔~599만엔 미만	4,473,900	99,800	2.23%
600만엔~699만엔 미만	3,052,800	76,700	2.51%
700만엔~799만엔 미만	2,257,100	58,900	2.61%
800만엔~899만엔 미만	1,404,900	39,400	2.80%
900만엔~999만엔 미만	877,800	28,500	3.25%
1,000만엔~1,249만엔 미만	1,260,100	66,600	5.29%
1,249만엔~1,499만엔 미만	343,900	22,800	6.63%
1,500만엔이상	570,200	58,000	10.17%

에 많이 나타나다가 중상층으로 가면서 일단 줄어들었다가 다시 본업 연수입이 600만엔대 이상부터 부업율이 늘어나는 U자형으로 나타난다. 특히 본업 연수입이 15000만엔 이상에는 10%가 넘는 사람들이 부업을 한다는 사실을 눈여겨 볼 일이다. 그러므로 연수입이 높은 사람의 부업이라는 것은 단순한 생계형 투잡 뿐 아니라 자기발전형 혹은 투자형 부업·겸

업의 스타일로 보인다.

부업을 인정하고 있는 기업들

일본 기업들도 능력 있는 인재들을 데려오기 위해 부업·겸업을 허용하는 회사가 늘어나고 있다. 사실상 부업을 허가해 보니, 기업에게도 장점이 있다는 것을 알게 된 것이다. 또한 코로나 쇼크 이후, 재택근무가 더욱 확산되면서 부업을 허가하거나 쉽게 받아들여진 것 같다. 일본에서 웹디렉터로 일하는 지인의 경우, 다섯 군데 회사에 면접을 봤는데 모두 재택근무가 가능하며 부업도 가능하니 자신들의 회사에 와서 일 해달라는 러브콜을 받았다고 한다.

[FACT] 부업/겸업이 가능한 대표적인 대기업들 리스트

* 소프트뱅크 * DeNA *NTT데이터 * 리쿠르트그룹

* 사이버에이전트 * 라인(LINE) * TBS홀딩스

* 세퍼테니홀딩스 * 신세이은행 * 액센추어

* 카오(Kao) * 로토제약 * 소니(Sony) * 후지츠(Fujitsu)

* 일본HP * 캐논(Canon) * 닛산자동차(Nissan) * 코니카미놀타

Q&A
일본 생활에 대한 모든 것, 질문 그리고 답변

평소 일본 생활에 대해 사람들이 궁금해 하는 다섯 가지 질문에 대해 저자 10명의 솔직한 답을 들어봤다.

Q1. 일본 생활의 좋은 점은?

● 넓어지는 시야와 정보력

해외에서 생활해 보는 것만으로도 세상을 바라보는 넓은 시야와 경험을 얻을 수 있을 뿐 아니라 다양한 정보력을 갖출 수 있게 된다.

● 비교적 많은 휴일과 개인존중 문화

일본에서 직장인으로 살면서 느낀 점 중 좋은 부분은 한국보다 휴일이 많고, 회식자리에서 술을 강요하지 않고 술을 마시지 못하는 사람도 존중해주는 문화가 자리 잡았다는 것이다. 또 직장에서 개인 프라이버시를 좀 더 존중해주는 분위기가 있다는 것을 몸소 느낀다.

● 다양한 문화행사와 이벤트

일본의 경우 다양한 나라에서 온 외국인이 많이 살고 있어서인지 문화

교류 관련 행사들이 굉장히 많다. 특히 요요기 공원에서는 인도, 자메이카, 브라질 등 익숙하지 않은 외국의 문화를 즐길 수 있는 이벤트도 많이 있으며 곳곳에 세계 여러 나라의 음식점 또한 많다. 게다가 많은 관광객들에게 알려진 불꽃놀이와 벚꽃놀이 외에도 일본 전통 행사와 지역색 가득한 이벤트가 가득해 지루할 틈 없이 유익한 시간을 보낼 수 있을 것이다.

● 다소 생소한 녀석, 미세먼지

서울과 달리 도쿄에서는 도심에서도 맑은 하늘을 자주 볼 수 있다. 한국에서는 심각한 미세먼지와 관련한 뉴스를 많이 접하게 되는데, 일본에서는 상대적으로 그럴 걱정이 덜하다. 눈이 따갑고 목이 칼칼한 미세먼지 환경과 마주할 일은 극히 드문 것 같다.

Q2. 일본생활의 아쉬운 점은?

● 떡볶이가 먹고 싶어요!

오랜 일본 생활로 한국 음식에 대한 그리움이 점점 더 커지는 것 같다. 물론 일본에서도 한국 음식을 파는 식당이 있지만 그래도 한국에서 먹는 것과 같을 수는 없다. 특히 떡볶이를 파는 곳이 예전보다 많아지기는 했지만 여전히 밀떡볶이는 파는 곳이 없어 떡볶이가 먹고 싶을 때 한국이 그립다.

●21세기에 누가 카드를 쓰나!

일본은 여전히 카드보다는 현금결제를 선호하는 나라이다. 물론 과거에 비해 카드를 사용할 수 있는 점포가 늘어나기는 했지만 한국의 편리한 카드결제 시스템과 비교해 보면 아직 갈 길이 멀게만 느껴진다. 고급 레스토랑이 아닌 작은 식당의 경우, 점심시간에는 현금 계산만 가능하고 저녁 시간에도 일정금액 이상일 경우에만 카드결제가 가능한 불편함이 있다.

●저녁 식사는 2시간 이내로!

사랑하는 가족들, 지인들과 함께 하는 저녁 식사는 일상의 스트레스를 날려버리는 행복감을 준다. 그런 아름다운 시간을 도쿄에서는 시계의 시침과 분침을 보면서 보내야 할 것이다. 일본의 많은 식당들은 사람들이 많이 몰리는 시간대의 테이블 식사 시간을 2시간으로 제한하고 있다. 이마저도 식사 주문은 착석 후 90분까지만 가능하다. 특히 금요일이나 토요일 저녁만 되면 2시간 마다 다음 장소를 찾아 헤매는 사람들의 원망 섞인 모습들을 심심치 않게 볼 수 있다.

●세월아 네월아~ 느린 시스템이 가져오는 불편함!

일본 생활에서 제일 갑갑한 부분은 역시나 너무나도 느린 행정 시스템

오늘도 도쿄로 출근 합니다.

이다. 한국에서는 내가 사는 곳에서 바로 처리되는 전입·전출 신고도 일본에서는 각각의 지역 구청을 직접 방문해 처리해야 한다. 편리하고 빠르게 처리되는 한국과 비교하면 일본의 행정 시스템은 전반적으로 너무 올드하다.

Q3. 일본에서 깜짝 놀란 경험들

●개방된 성(性)문화

일본에 와서 처음으로 느낀 문화적 충격은 역시나 성(性)과 관련한 것이다. 동네 편의점을 가면 성인잡지를 아무렇지도 않게 진열해놓고 팔고 있다. 그리고 사람들 역시 자연스럽게 성인잡지를 사서 보고 있다는 것이다. 성(性)과 관련해서는 숨기고 감추는 한국과 달리 개방적인 일본 사람들의 모습에 많이 놀란 경험이 있다.

●센토(銭湯)의 반다이란 존재

센토*에 처음 갔을 때의 일이다. 그 센토는 오래된 곳이었는데 남탕과 여탕 탈의실 사이 파티션은 있었지만 천장이 뚫려 있었고, 파티션 쪽에 있는 센토 직원 아저씨는 남탕과 여탕 양쪽을 볼 수 있도록 앉아 있는 것

* 한국의 목욕탕 같은 곳

이었다. 나중에 일본 친구들에게 물어보니 센토에는 반다이(番台)라고 하는 사람이 있는데, 요즘은 거의 사라졌지만 아직까지 존재하는 곳이 가끔 있다고 한다.

●자동차 클락션 소리가 사라진 도로

오랜만에 한국을 찾았을 때였다. 마중 나온 친구의 차를 타고 약속 장소로 가는데 여기저기에서 울리는 클락션 소리에 몇 번이나 놀랐다. 생각해보니 일본에서는 클락션을 울려본 적이 없었다. 길거리에서도 일 년에 한두 번 정도 들을까 말까 하다.

●도둑이 된 사연

학교의 콘센트를 빌려 핸드폰 충전을 하고 있었다. 그런데 선생님께서 나에게 '전기도둑(電気泥棒)'이라고 했다. 한국에서는 아무렇지 않게 하는 일들이 일본에서는 도둑으로 까지 몰릴 수 있으니 주의해야 한다.

Q4. 일본에서의 월 생활비 내역 분포

(글쓴이 A의 경우, 1인 가구)

* 주거비(월세, 광열비): 6만엔

* 식비(식료품, 외식비): 3만엔

오늘도 도쿄로 출근 합니다.

* 저축(재태크, 보험료): 3만엔

* 교통&통신비: 2만엔

* 여가비(쇼핑, 취미생활 등): 6만엔

* 그 외 생활비: 3만엔

세금이 많은 일본에서는 비과세로 진행하는 재태크나 보험에 관심이 많은 편이다. 세금 및 기본 보험은 회사에서 제하고 주는 금액이라 생략했다.

(글쓴이 B의 경우, 5인 가구)

* 주거비(주택대출, 광열비): 22만엔

* 식비(식료품, 외식비): 12만엔

* 저축(재태크, 보험료): 10만엔

* 교육비(아이들 학원): 3만엔

* 여가비 (쇼핑, 취미생활 등): 15만엔

* 그 외 생활비: 10만엔

일본의 사교육 시장 규모는 한국에 비해 적은 편이다. 사교육도 구청에서 실시하는 운동이나 예술 활동을 중심으로 구성되어 있어 비용이 많이 저렴한 편이다.

Q5. 일본생활에서 추천하고 싶은 것

●다양한 친구 사귀기

일본 도쿄의 경우 한국과 비교해 외국인의 비중이 높은 편이다. 그만큼 다양한 국적의 여러 친구들을 마음만 먹으면 사귈 수 있다. 또 어떤 취미든 함께 공유할 사람들이 주변에 존재한다. 여러 국적과 배경을 가진 사람들이 모여 사는 곳이니만큼 다양한 모임을 통해 사교의 장을 넓혀가고 있다. 그러니 관심 있는 것이 있다면 주저하지 말고 적극적으로 움직여 친구를 사귀어 보길 추천한다.

●여행은 사계절 내내 쉬지 말 것

여행은 누구에게나 설렘을 주는 것이다. 평범한 일상에서 벗어나 새로운 곳에서 낯선 경험을 하며 오롯이 나만의 시간을 갖는 일, 우리가 여행을 좋아하는 이유일 것이다.여행을 좋아하는 사람들에게 일본은 좋은 장소일 수 있다. 북미나 중국, 러시아처럼 광활한 영토는 아니지만 길게 뻗은 지리적 특성으로 어느 시기에나 다양한 자연환경을 체험할 수 있다. 또 지역마다 각기 다른 매력을 느끼며 볼거리, 먹을거리를 마음껏 즐길 수 있다.

오늘도 도쿄로 출근 합니다.

●일상의 미(味)식 탐방을 놓치지 말 것

일본은 맛있는 나라다. 일본 전통 음식부터 세계 각국의 다양한 요리들까지 맛 볼 수 있는 곳이다. 맛집을 찾을 때에는 타베로그*에서 평점 3.5 기준으로 선택한다면 절대 실패하지 않는다. 음식 뿐 아니라 일본에는 맛있는 술 또한 가득하다. 산토리를 비롯한 일본 위스키 종류도 다양하지만 세계 각국의 위스키를 저렴하게 즐길 수 있다.

---

* 맛집 정보 사이트

작가의 글

(이상아)

일본 취업에 대한 관심이 높아지며 취업 정보와 더불어 일본 생활에 대한 리얼한 이야기를 전하고 싶다는 생각을 하던 와중에 좋은 인연이 닿아 프로젝트를 함께 하게 되었다. 내 이야기를 전한다는 것이 부끄럽기도 하지만 실패한 경험부터 좌절을 극복하는 과정, 성공한 경험까지 누군가에게는 도움이 될 수 있다고 생각하여 용기 내어 글로 남겨보았다. 코로나19로 모든 것이 멈춰버린 2020년, 이 프로젝트를 마무리하면서 책으로 남길 수 있음이 뿌듯하고 설렌다. 우리 프로젝트 멤버들, 출판사 관계자 여러분들 감사합니다.

(조국현)

한국과 가깝지만 자세히 들여다보면 굉장히 다른 나라가 바로 일본이다. 그렇기 때문에 내가 일본으로 취업을 시작하였을 때 고민하였던 부분들을 다른 사람들과 나눌 수 있는 이번 기회를 통해 일본에 관심을 갖는 분들에게 큰 도움이 되었으면 한다. 나의 일본 취업 이야기 뿐 아니라 다른 멤버들의 다양한 이야기가 독자에게 크게 와 닿았으면 하는 바람이다.

오늘도 도쿄로 출근 합니다.

(김소이)

가까우면서도 먼 나라, 일본에서의 생활은 다양한 일들로 어깨가 더욱 무거워질 때가 많다. 그렇기에 더욱 한국인이라는 자부심을 가지고 행동해야하는 설명하기 어려운 책임감이 따랐다. 20대 모두가 불안함을 안고 사는 요즘, 일본에서 생활하면서 회의감과 나의 선택에 대한 불안함을 많이 느꼈던 나는 글을 통해 나의 이야기가 완성되어 뿌듯함을 느낀다. 또 앞으로 내가 헤쳐 나가야 하는 길에 있어서 용기가 될 것 같다. 나의 이야기를 참고 삼아 앞으로도 일본을 비롯한 해외 각지에서 한국을 빛내는 인재들이 많이 늘어났으면 좋겠다. 모두들 파이팅!

(강현규)

난 글을 잘 쓰는 것과 거리가 먼 사람이었다. 그래서 이번 프로젝트에 참가하기까지 많이 망설였다. 그래도 같이 하자고 먼저 제안을 해준 멤버에게 고맙다는 말을 전하고 싶다. 시작할 때는 주어진 분량을 채우지 못하면 어떡하나 걱정이 앞섰지만 이제는 더 많은 이야기를 하지 못한 아쉬움이 더 크다. 이번 프로젝트를 계기로 글을 잘 쓰는 연습을 이어 나가고 싶다. 끝으로 미약한 내 글이 많은 사람들에게 도움이 되었기를 바라본다.

(이서효)

치열했던 20대를 지나 30대가 된 후 쓰게 된 글은 거울이 되어 나 자신을 마주 보게 하였다. 힘들기만 했던 기억을 들여다보니 노력해 준 나 자신에게 고마움을 느꼈고, 글재주도 없는 내가 참여할 수 있게 되어 감사할 뿐이다.

(김선명)

누군가에게는 목표이자 기회가 될 수 있는 일본, 그중 IT업계에 관한 솔직한 이야기를 나의 경험을 토대로 다루어 보았다. 나의 글이 개발자로 일본 취업을 희망하는 분들에게, 이미 일본 IT업계 쪽에서 종사하며 이직을 희망하시는 분들에게 도움이 되었으면 좋겠다.

(신동민)

일본 생활은 나 자신의 색깔을 찾을 수 있게 해준 시간이었다. 그렇기에 일본에서 지낸 매 순간들에 대해 감사함을 느끼고 있다. 이 책을 읽고 있는 독자들도 일본 생활이 커다란 하얀색 캔버스라 생각하고 본인이 원하는 삶을 마음껏 그려봤으면 좋겠다.

오늘도 도쿄로 출근 합니다.

(노은정)

나는 꿈이 확고한 사람이었다. 그 꿈을 일찍 이루고 일찍 잃어버렸다. 그리곤 꿈이 사라져 버렸다. 아무것도 없으면 아무것도 안 하는 인간이기에 열심히 살았다. 일본에서 많은 경험을 하며 새로운 꿈을 꾸게 되었다. 이렇게 책 출판이라는 또 하나의 꿈을 이루었다. 이 책을 읽는 분들도 한 걸음 한 걸음 자신의 꿈에 조금 더 가까워지셨으면 좋겠다.

(이필준)

한국이 아닌 타향인 외국에서 한국인으로 열심히 살아가고 있는 젊은 사람들과의 만남은 나에게 충격이었다. 외국에서 이방인으로 살기에 주눅들어있을 것이라고 생각했지만 실제로 만나본 친구들은 그렇지 않았다. 아마도 그들은 외국에 살면서 수많은 실전 경험을 통해 생존하는 방법을 알고 있어서 그런 듯하다. 함께한 구성원들에게 박수를 보낸다.

(이윤정)

20년째 일본에 살면서 얻은 것도 많지만 잃은 것도 있다. 그중 하나가 한국에 대한 감(感)이 아닐까. 이 책을 준비하며 멤버들과 회의를 할 때마다 처음 듣는 신조어를 찾아보기도 했고, 다른 세대들의 생각들에 신선한 자극이 되었다. 다소 정체하기 쉬운 코로나 기간 동안 성장할 수 있는 기회에 고마운 마음을 표한다.

오늘도 도쿄로 출근 합니다.

오늘도 도쿄로 출근합니다

초판 1쇄 인쇄   2021년 1월 21일
초판 1쇄 발행   2021면 1월 29일

지은이   이상아 조국현 김소이 강현규 이서효
          김선명 신동민 노은정 이필준 이윤정
펴낸이   최익성

기 획   홍국주
편 집   최미근
마케팅   임동건, 임주성, 김선영, 송준기, 신현아, 강송희
마케팅 지원   황예지, 신원기, 박주현, 이혜연, 김미나, 이현아, 안보라
경영지원   이순미, 임정혁
펴낸곳   플랜비디자인
디자인   design Orae

출판등록   제 2016-000001호
주 소   경기도 화성시 동탄반석로 277
전 화   031-8050-0508
팩 스   02-2179-8994
이메일   planbdesigncompany@gmail.com

• 플랜비디자인는 독자 여러분의 아이디어와 원고 투고를 기다리고 있습니다.
   책으로 만들고자 하는 기획이나 원고가 있다면, 언제든 플랜비디자인의 문을 두드려 주세요.